使命

証言・岩手県警察の3・11

2011.3.11

陸前高田市

ヘリからとらえた大津波の悲劇

2011年3月11日（金）午後2時46分。マグニチュード9・0の激しい揺れの中で、航空隊は全員でヘリを格納庫から搬出、沿岸へ向けて緊急出動した。

そして、離陸から16分後には陸前高田市上空に到着、ヘリテレにより映像の撮影を開始した。

その時眼下に広がっていたのは、地震による被害予想に反して、いつもどおりの穏やかな街並みと人々の姿、そして道路を走る車であり、安堵したのを覚えている。

しかし、それも束の間、到着後わずか数分後には海全体が大きく盛り上がり、真っ青な大波がみるみる真っ黒な瓦礫の塊に変わって押し寄せて来るのを認めた。

それが高田松原や大船渡市の湾口防波堤を越えてさらに市街地に迫るのを見て、よ

15時27分（地震発生から41分後）陸前高田市に襲いかかる津波（岩手県警ヘリ撮影）

うやくただ事ではないと気が付き、夢中で無線で報告した。

この時「陸前高田市壊滅！」と叫んだが、肝心のヘリテレ映像は、地震による停電で中継局が機能停止していたため、地上に伝えることができず、その「壊滅」の意味が地上では理解することができなかった。

眼下ではまるで映画のコンピューター・グラフィックを観ているような景観が広がり、無数の人、家、車など全てが流されて行くのをただ観ることしかできなかった。

砂をかむような悔しさの中で、4人のクルーは涙をこらえ、それでも映像を撮り、ビデオに収め続けた。

それがその時、自分たちができる唯一の仕事であり、また、それがいつか必ず役に立つ日が来ると信じて。――

「ヘリからとらえた大津波の悲劇」
村山眞寿雄　本文134ページ

1 15時29分（地震発生から43分後）津波が高田松原をのみこみ市街地に迫る

2011.3.11 陸前高田市

2 15時31分（地震発生から45分後／津波到来から15分後）陸前高田市全体が津波にほぼのみこまれる

3 15時32分　津波がさらに気仙川を逆流する

4 15時43分（津波到来から27分後）強烈な「引き波」を確認した。全てのものを流し去る

15時16分（地震発生から30分後）大船渡湾口防波堤を乗りこえる津波第一波を認める

2011.3.11 大船渡湾

15時18分（地震発生から32分後）一気に量を増して大船渡湾内に津波が流れ込む

2011.3.11 釜石警察署屋上から

津波到来の瞬間。釜石警察署庁舎から釜石湾口を望む。交通機動隊沿岸分駐隊庁舎がのみ込まれた

1

2

3

津波は加速度的に量を増し、またたく間に全てをのみこんだ

4

5

6

釜石警察署　庁舎の周囲は全て津波に流され沿岸運転免許センターのコースは泥に覆われている（庁舎はその後撤去）

津波に流され、地盤沈下により以前の海岸線が消えた釜石市鵜住居地区

釜石市平田地区

釜石市箱崎町

2011.3.15 宮古市

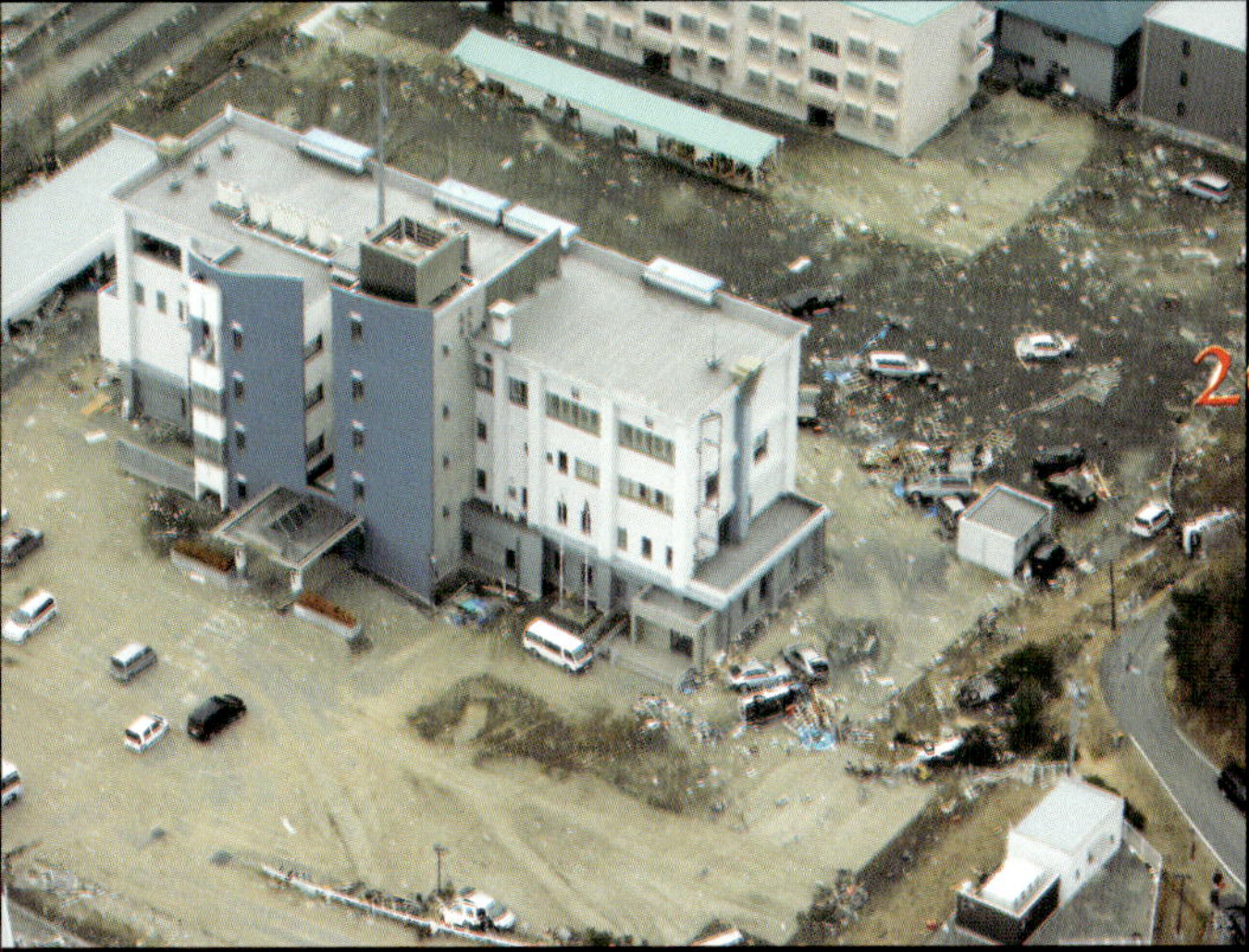

宮古警察署は2階まで浸水した。近くには瓦礫があるものの業務が再開されている

ほぼ全域が流された宮古市鍬ヶ崎地区

浸水した宮古市赤前地区

宮古市田老地区

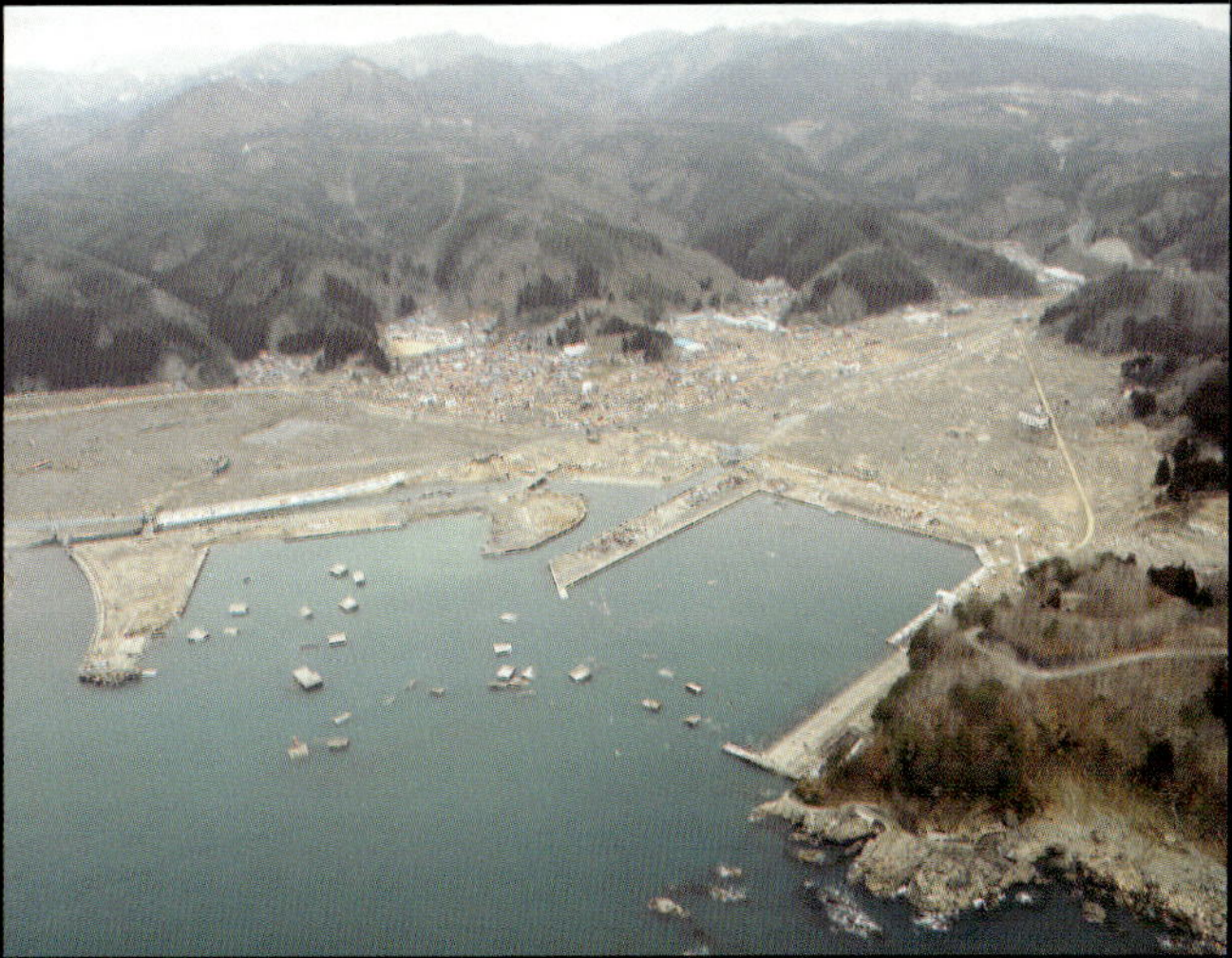

長大な防潮堤を乗りこえて津波は宮古市田老地区をのみこんだ。湾内の堤防も全て破壊された

2011.3.15 大船渡市

大船渡警察署上空より
庁舎の近くまで津波の爪痕が広がる

山すそまで津波に流され、海岸線や防潮堤もわからなくなった大船渡市越喜来地区

津波到来時、多くの人が屋上に避難した大船渡市大船渡町のマイヤ付近（現在はすでに撤去されている）

大きな建物以外はほとんどが津波に流されてしまった大船渡市大船渡町

2011.3.15

大槌町

多くの家屋が流され砂浜が消えた大槌町吉里吉里地区

直後から多くの避難者が集まった大槌町中央公民館付近
（発災後の火災は公民館の直近まで迫った）

津波に襲われた大槌町中心部。直後に発生した大規模火災は市街地や周辺の山林の多くを焼いた

陸前高田市・市営松原球場周辺

2011.3.15 陸前高田市・大船渡市

陸前高田市内の捜索状況

JR大船渡駅付近の状況

大船渡市盛町付近

JR大船渡駅付近の状況

陸前高田市給食センター車庫内
に設置された大船渡警察署災害
警備本部 陸前高田市現地本部

2011.3.20-3.29

3月28日　破壊されたJR大船渡駅

被災した大船渡警察署高田幹部交番

陸前高田市市街地

大船渡警察署に回収された多数の金庫

大槌町大槌地区の捜索状況

野田村の海岸線の状況

月28日　釜石警察署平田駐在所

久慈市夏井町のもぐらんぴあ、久慈国家石油備蓄基地周辺

2011.3.30

釜石警察署（左は沿岸運転免許センター）

沿岸運転免許センター内部

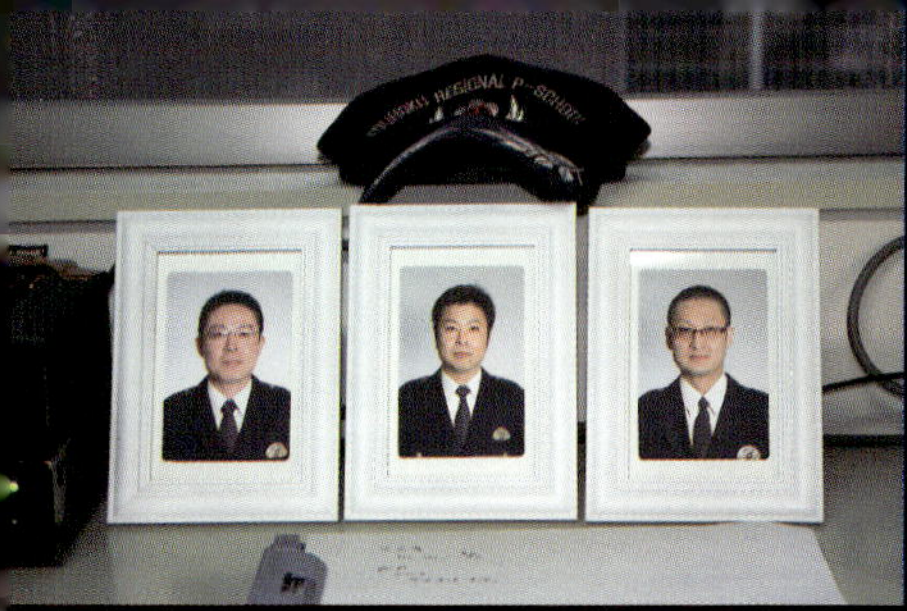

釜石警察署災害警備本部（小佐野交番）内にかかげられた殉職者の遺影

北海道警の被災地警戒隊出動（釜石警察署管内）

釜石小学校でのイーハトーブ隊の活動（左右とも）

2011.3.30

宮古警察署車庫に回収された金庫

宮古警察署

金庫を回収（宮古警察署）

宮古警察署内部

宮古市新川町内の状況

宮古警察署前で行われた運転免許証の再交付申請

回収された多数の金庫（宮古警察署）

宮古市役所前交差点での交通整理。北海道警が担当

宮古市鍬ヶ崎地区の状況

被災した宮古警察署港町交番

2011.3.30

山田町役場から見た山田町中心部の被災状況

民宿に乗り上げた観光船（大槌町赤浜）

被災した大槌町役場

大槌町赤浜地区の状況

2011年4月2日　菅首相の視察（大船渡市）

2011.4.2-4.25

田野畑村羅賀地区の状況

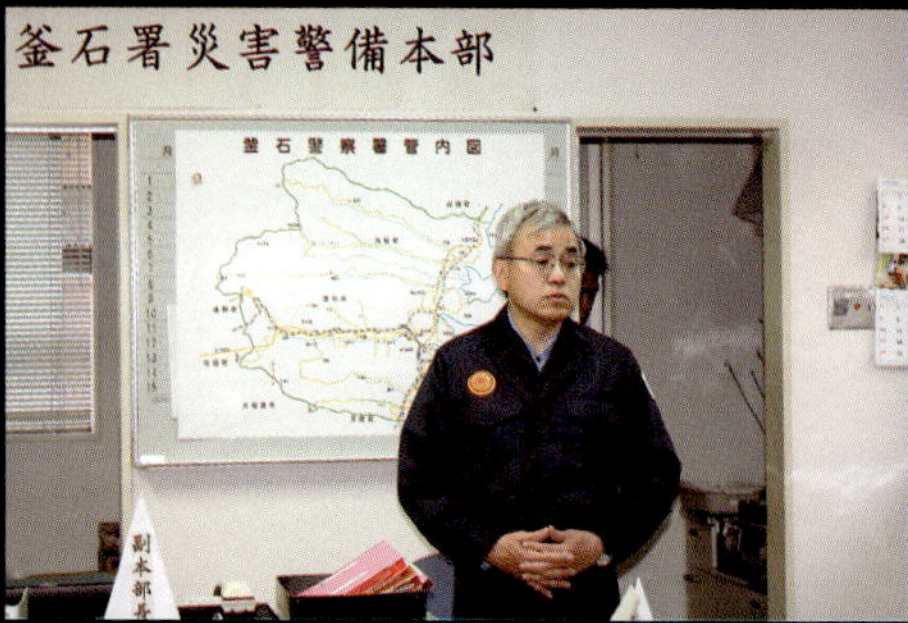

4月15日　片桐裕警察庁次長の視察

4月4日　安藤隆春警察庁長官の被害状況視察（陸前高田市）

大槌町内の被災状況

4月6日　県警本部内に開設した行方不明者相談ダイヤル

2011.4.2-4.25

田野畑村の岩泉警察署平井賀駐在所の
被災状況（田野畑村）

被災地警戒隊の活動

4月7日　宮古市千徳遺体安置所

釜石市鵜住居地区での捜索

釜石市鵜住居地区

釜石市鵜住居地区

釜石市両石漁港

宮古警察署港町交番

2011.5.14-10.4

瓦礫置き場となった宮古市魚市場

6月1日　宮古警察署山田仮設交番周辺

宮古警察署山田仮設交番開所

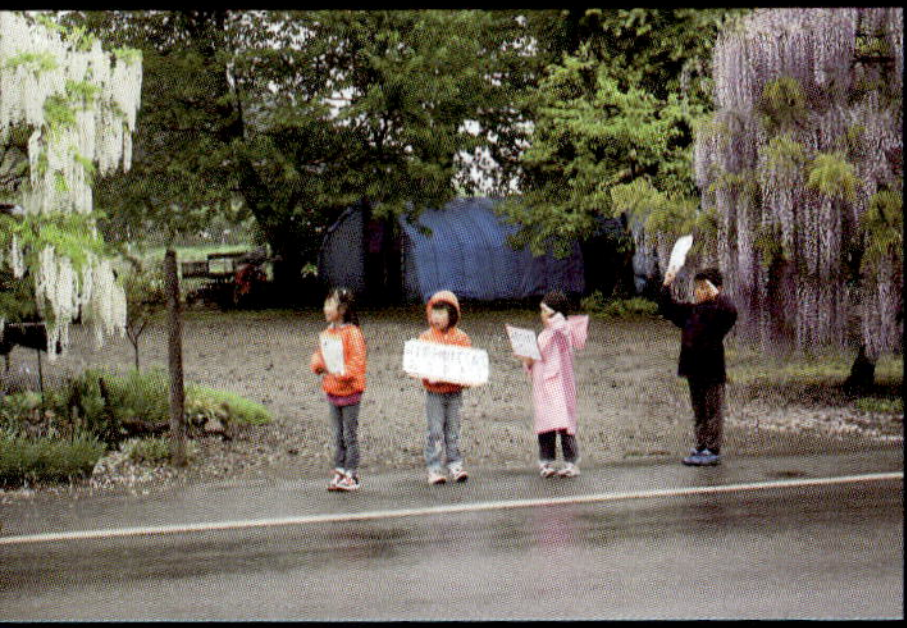

花巻市湯口小学校前　派遣部隊への子どもたちの激励

7月20日　千葉県警移動交番車部隊（釜石市）

6月11日　菅首相視察（釜石市）

2011.5.14-10.4

打ち上げられた船舶（釜石市）

6月11日　菅首相視察（釜石市）

釜石港内の捜索

警視庁音楽隊による慰問演奏（陸前高田市・米崎小学校）

岩手県警音楽隊と埼玉県警音楽隊が合同で開催したふれあい「絆」コンサート（野田村・野田中学校）

2012年3月11日14時46分、
大槌町の一斉捜索での黙祷

2012.3.11～

釜石市鵜住居地区の状況

釜石警察署周辺

大槌町吉里吉里地区

釜石市平田地区

大槌町赤浜地区

釜石市鵜住居地区

花巻市の児童姉妹による岡山部隊の見送り

花巻市の児童姉妹と岡山県警大隊長

出動する警視庁警察官を激励する印刷会社の社員たち（一関市）

釜石警察署管内の仮設住宅での鹿児島県警派遣部隊の活動

神奈川県警による地域警察特別派遣部隊（パトロール隊）の活動

北海道警派遣部隊と少年の交流（宮古市高浜）

発刊にあたって

平成23年3月11日午後2時46分、三陸沖を震源とするマグニチュード9・0の巨大地震は大津波となって岩手県をはじめ太平洋沿岸に襲来し、甚大な被害をもたらしました。東日本大震災発生から2年半余り。被災地では復興に向けて新たなまちづくりが進む一方で、震災の爪痕が色濃く残ります。本県の死者数は4672人、行方不明者1145人（平成25年8月末時点）に上り多大な犠牲を伴いました。

人々が心の傷を癒やし、平穏を取り戻すにはさらに時間がかかり、震災時の記憶をたどるにも勇気がいります。長い時間の内省を経て書き表されたのが、本書に収録した岩手県警察本部警察官の手記です。震災後1年半に内部資料の体験記としてまとめられ、その一部が県民に公表されると大きな反響を呼びました。警察官の貴重な震災体験の数々は後世に伝えるべき記録―として、同県警本部の監修のもと、震災後に出向して任務に当たった他県の警察官の手記と合わせ、岩手日報社が出版する運びとなりました。

巨大地震と大津波に向き合った警察官の活動は多岐にわたります。沿岸の一線警察署員は、強い揺れが起きるのと同時に住民の避難誘導を開始し、津波の中での救命と捜索、そして犠牲者の身元確認に当たり、交通路や通信を確保、被災者の問い合わせや相談に乗り、地域の防犯に努めました。他都道府県から出向した警察官も多数に上り、復旧を支えました。行方不明者の捜索など、その活動の多くが今も継続されています。

任務遂行中に津波に巻き込まれ殉職された同県警本部警察官は11人に上ります。心からご冥福をお祈りします。

「県民の生命、財産を守る」と肝に銘じて日ごろ職務に当たってきた警察官は、想像を絶する大規模災害に直面し、使命達成のため筆舌に尽くせない苦悩と葛藤が続きました。救えた人命がある一方で、任務を阻む幾多の困難が立ちはだかったからです。そうした思い悩む警察官の姿は、県民に真摯に向き合う姿勢の表れです。証言として収録した手記には、ヒューマニズムあふれる体験と率直な思いがこめられています。また有効に機能した実践や、導き出された教訓の数々は、災害の備えとして今後とも語り継がれるべきものと確信しています。

平成25年10月

岩手日報社

東日本大震災で殉職された岩手県警察官の方々　76

2　災害警備本部

3 他県からの特別出向警察官

（題字）
岩手県警察地域課　地域実務指導室長兼次長　倉成成志
（表紙イラスト）
作画・岩手県警察刑事部鑑識課　事務職員　岩渕波瑠奈。岩手県陸前高田市の景勝地「高田松原」の約7万本の松のうち、たった1本、大津波に耐えて残った「奇跡の一本松」。裏表紙のハマギクは岩手県宮古市指定の花で、上閉伊郡大槌町に震災後に再建した観光ホテルの名称にも用いられている。花言葉は「逆境に立ち向かう」。

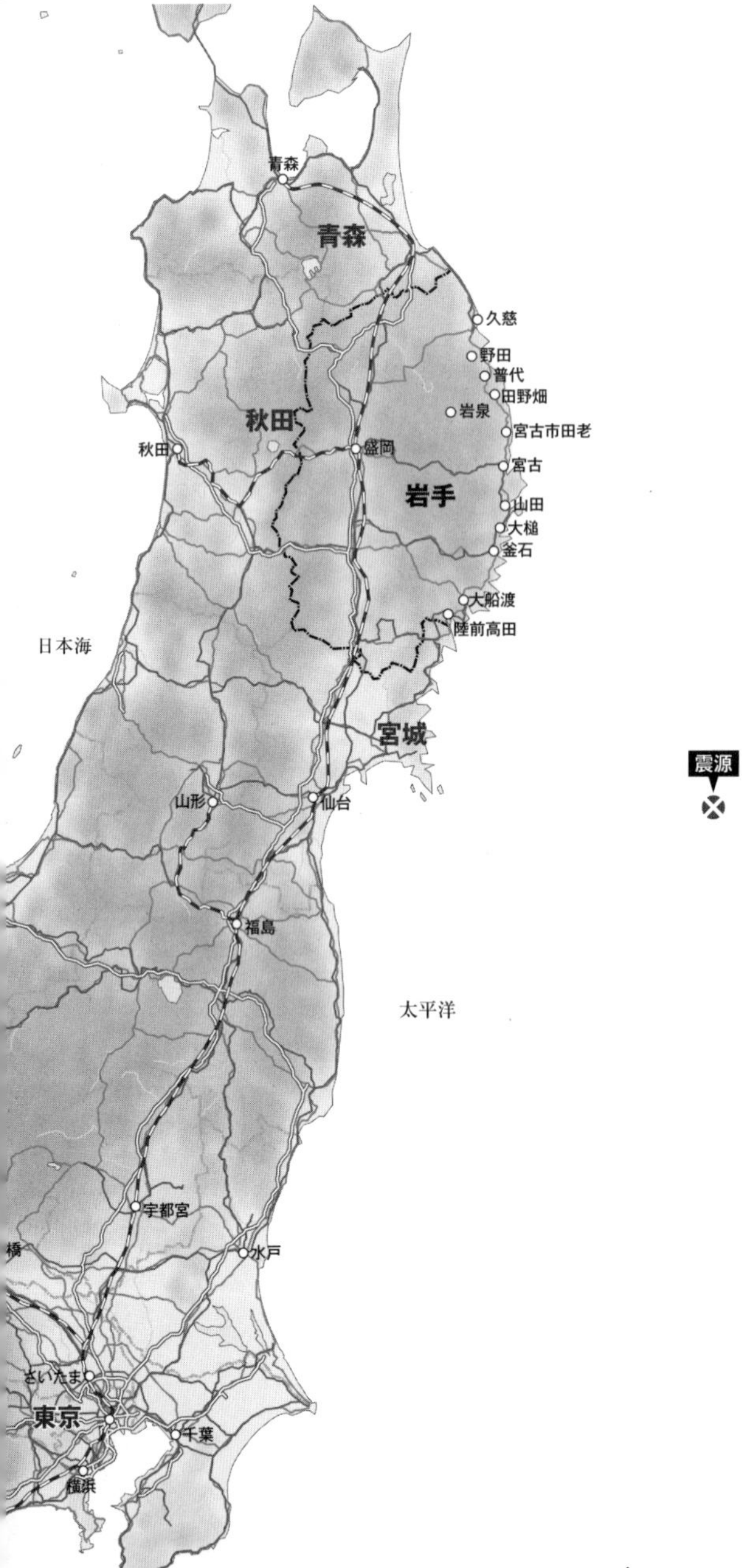

1

沿岸地域警察署

※カッコ内は震災当時の勤務部署、階級

顔見知りが次々犠牲に

阿部　征喜（大船渡警察署、警部補）

小さな町なので、発見されるご遺体はみんな知っている人ばかりだった。漁港内に積み重なった瓦礫の中から駐在所連絡協議会の会長が見つかった。奥さんは人目もはばからず泣いていた。

「津波が発生したときには、すぐに大船渡署の応援に駆けつけます」。この言葉は、平成23年度の人事異動により、機動隊小隊長への異動が決まっていた私が、大船渡署の残留署員へ別れのあいさつとして述べたものだった。だが、それは昼食会を終えた数時間後、まさに現実のものとなってしまった。

その日、私は、引っ越しやお世話になった住民へのあいさつ回り等のため、午後から休暇を取っていた。昼食会を終え、いったん勤務先のさんりく駐在所に戻った私は、私服に着替えると相勤者を残し、自家用車に乗りあいさつ回りへと向かった。駐在所連絡協議会の会長、越喜来《おきらい》地区防犯協会副隊長へのあいさつを済ませた私は、次に、交通指導隊長のもとへと車を走らせた。

1｜沿岸地域警察署｜顔見知りが次々犠牲に

私が向かった指導隊長のお宅はちょうど、越喜来の街中を一望できる高台に位置していた。到着した私は、その庭先から、しばらくは見られなくなるであろう越喜来の町を眺め、その景色を頭に焼き付けた。

隊長宅の玄関のチャイムを鳴らした、ちょうどそのときのことだった。

これまで感じたことのない大きな揺れが突然襲い掛かり、その直後、大きな音を立てながら屋根瓦が私をめがけて空から降って来た。私は、とっさに玄関から離れ、庭先の広い方へと避難した。隊長や奥さんが地面に這いつくばりながら屋外に逃げ出して来た。2人のことを抱きかかえ、庭先の安全な場所へと退避させた。まだ揺れは続いている。焦る気持ちを落ち着かせるのに精いっぱいだった。それでも私は、越喜来の町が見下ろせる方へ向かった。そして「倒壊家屋はないか？　火災の発生はないか？　小学校の児童たちは避難を始めたか？　まだ潮は引き始めていないか？」などの確認をした。

倒壊家屋や火災などはまだ確認されなかった。海の潮も引いていない。すぐに防災無線が大きく鳴り響いた。これまで聞き慣れていたはずの防災無線もその時だけは、心なしか緊張で声が上ずっているように聞こえた。「警戒に出ます」と、隊長ご夫婦に言い残すと、私は駐在所に戻り、相勤者と合流することにした。相勤者に電話をかけても、既に携帯電話は通じなくなっていた。

私の相勤者は小学校の教員を辞め、昨年警察官になったばかりの新米警察官であった。まだ若く、正義感も旺盛であった。「もしかすると1人で出動してしまったのでは…」。私は相勤者のことが気掛かりだった。

駐在所に戻ると、隣のコンビニは大勢の避難者でごった返していた。すると、その中の顔見知りが近寄り「たった今、若い駐在さんがパトカーで出動したよ」と教えてくれた。私は、制服の防寒衣を着て、急いで車に乗り込むと海の方へと向かった。

きっと相勤者は、漁港の船の様子を見に行った住民の避難誘導に向かったに違いない、と思ったからである。海の方へと向かう途中も、すれ違う住民に向かって、「高台に逃げてください」と叫び続けた。途中、小学校の前を通ると、子供たちは先生方に誘導されながら避難を開始していた。みんな不安そうな顔つきだった。相勤者との合流を果たせたのは、小学校を通過して間もない所にある泊漁港の前の県道上だった。

ミニパトカーに乗った相勤者に前照灯の点滅で合図し、少し離れた高台の空き地へ誘導した。そして、自分の車を空き地に駐車し、相勤者が運転するミニパトの助手席に乗り込んだ。

助手席に乗り込んだ途端、「津波が防波堤を越えている」「駐在所も民家も全て流されている」という想定外の言葉が聞こえてきた。経験も少ない相勤者は、私よりも緊張している様子で、その緊張感は私にも伝わった。相勤者と車の運転を交代し、町の中心部の越喜来漁港付近の警戒にあたることにして、町の中心部に向かって車を走らせた。

そのときであった。私たちが走っていた県道の前方約50メートルのところにある防潮堤や三陸鉄道の鉄橋を越え、津波の第一波が押し寄せてきたのだった。車を反転させ、津波から退避した。2人とも後ろを振り向く余裕などなかったが、津波は、県道脇の民家を押し倒しながら私たちの横を追い抜いて行った。ついさっきまで走っていた県道は、既に瓦礫《がれき》の山となっていた。もし、私たちの車が50メートル先を走っていたら私たち2人は完全に津波にのみ込まれていた。結果的に「車の運転を交代した」そのわずかな時間が生と死の明暗を分けることになった。先ほど通過した小学校の3階建て校舎も屋上まで津波にのみ込まれていた。

私たちはいったん国道に出て、町の中心部へ向かうことにした。その途中、交通規制をしていた消防団から越喜来の甫嶺《ほれい》地区では、「二十数軒の民家が津波に流され、4人が行方不明になっている」という話を聞かされた。やっとの思いで国道に出て、長い下り坂を下っていると、少しずつ越喜来の町の中心部の様子が見えてきた。

そこには、「東北の熱海」とも呼ばれていた私の知る越喜来の姿はなかった。全てが瓦礫に覆われた状態となっていた。

車を走らせて行くと、毛布をかぶったおじいさんやおばあさんたちを荷台に載せた何台もの軽トラックと擦れ違った。それを目にした私たちは、津波が駐在所のすぐ下にある老人ホームをも襲っていたことを知った。

「駐在所は大丈夫か？　そして家族は？」。私たちはこのとき初めて互いの家族の話をした。相勤者は、奥さんは用事があって大槌町まで出掛けているという話をしていた。私たちは、何の根拠もなかったが「きっと大丈夫だろう」と言って互いに励まし合った。

老人ホームに到着すると、そこは瓦礫の山となっており、逆さまになった車に挟まったり、病室のベッドの下敷きになった人たちであふれ返っていた。私たちは、地元の消防団や住民らの手を借り、救出にあたった。しかし、結果的にその老人ホームでは50人以上の方々が亡くなり、私たちは1人の命も助け出すことが出来なかった。

その晩、私たちは家族との連絡も取れないまま、ミニパトで夜を明かした。

翌朝一番、私たちは越喜来地区に発足していた対策本部に赴いた。越喜来地区だけで、50人ほどの行方不明者がいることを知らされた。本部内に張り出されていた行方不明者の名簿を確認すると、そこには知っている名前ばかりが書かれてあった。その中には、昨日、私があいさつ回りをした、駐在所連絡協議会の会長や防犯協会の副会長の名前も含まれていた。「所長、出発の日には絶対に見送りに行くからな。待ってろよ」と言っていた、つい昨日のことを思い出してしまった。

震災2日目には、越喜来地区にも秋田県警の緊急援助隊や自衛隊が応援にやって来た。そして、電話や無線機も通じず本署との連絡が途絶えていた私たちのもとに本署員がやって来たのもその日のことだった。

本署員は、私の顔を見つけると駆け寄って来て握手を求めて来た。話を聞いたところ、本署の方では「さんりくの所長も津波に流されたらしい」という話になっていたとのことだった。

気になっていた管内の状況を聞いたところ、「陸前高田市内は壊滅状態であり、まだ所在が分からない署員が多数いる」という。また、「大船渡市内も駅前交番や赤崎駐在所、綾里《りょうり》駐在所が津波に流された」ということだった。本署員に、「私たちが無事でいること。越喜来地内では、現段階で50名ほど死者が出ていること。行方不明者も50名ほどいること」を本署に伝えるよう依頼し救助活動を開始した。

震災翌日は、瓦礫の中や倒壊家屋の中から、次々とご遺体が発見された。

小さな町なので、発見されるご遺体はみんな知っている人ばかりだった。その日の夕方、町の中心部から約1キロ離れた泊漁港内に積み重なった瓦礫の中から、駐在所連絡協議会の会長さんが見つかった。

消防団からの連絡を受けた私は、すぐにその確認に向かった。ご遺体は、会長さんに間違いなかった。大きな外傷がなかったので、「あまり苦しまずに亡くなったんだな」と自分に言い聞かせた。会長さんのご遺体は検視が終わった後、中学校の体育館で奥さんに引き渡した。

奥さんは人目もはばからず泣いていた。そして、私に向かって、何度も何度も「見つけてくれてありがとうね」と頭を下げた。私と相勤者のミニパトでの寝泊まりは1週間以上続き、発見されるご遺体は、日を追うごとに少なくなっていった。防犯協会の副隊長さんが発見されたのは、震災発生から3カ月ほどたったころのことだったと記憶している。

発見場所は、駐在所連絡協議会の会長が見つかったときと同じ、泊漁港湾内の海中からだった。

2011年3月15日、大船渡市

震災のために遅れていた人事異動がその年の6月発令となった。私は刑事課への署内異動となっていたため、副隊長との対面はかなわなかった。後から、副隊長は仕事用のゴム長を履いていたと聞いた。越喜来漁協に勤めていた副隊長は、あの震災の時も、浦浜川の川沿いにある、サケのふ化場で仕事をしていたそうだ。目撃した住民の話では、津波が押し寄せる最後の最後まで、川にサケの稚魚や卵を逃がしていたとのことだった。死んではならないが、副隊長のそんな仕事に対する姿勢は警察官である私自身、手本にしなければならないと感じている。

返せなかった妻へのメール

吉田　博征（大船渡警察署、巡査部長）

警察官は公共の安全と秩序の維持を担う仕事なのに、最も守るべき自分の家族さえ守れず、自分の無力さを感じた。警察官とはいったい何なのだろう。そんなある日、妻の両親から言葉を投げ掛けられた。

「わたしは大丈夫だから。落ち着いたら連絡ください」

これはあの日、地震がやんだ直後に私の携帯電話に送られた、妻からの1通のメールである。今となっては最後のメールであり、返信できなかった悔いの残るもの。

平成23年3月11日午後2時46分。私は盛岡地方検察庁一関支部の検察官室で、検事調べの押送業務に従事中であった。

突然の地響きとともに大きく揺れる室内。ホワイトボードやテレビなど少々の揺れではびくともしないものが次々に倒れる中、取調中の被疑者を体を盾にして守っていた。普段なら数秒でやむはずの地響きがいつになく長く、ひょっとしたら建物が倒壊するのではと恐怖を感じたのを覚えている。

地響きがやみ安堵感を感じていたとき、妻から無事を知らせるメールが届いた。妻が無事であることがわかったため、ほっとするとともに、続いて襲来が予想される津波のため一刻も早く大船渡警察署へ戻り、災害警備につかなければと使命感がわいてきた。

帰路の途中、車内のラジオから、津波により街が次々にのみ込まれ消えていく様子が流れるのを聴きながらも「陸前高田市は壊滅。陸前高田市役所の屋上には、約１００人が救助を求めている模様」との中継を聴き、携帯電話が不通となっていても陸前高田市役所職員の妻はきっと助かっているだろうと思っていた。

ところが震災発生から数日後、妻の様子を確かめるため陸前高田市役所職員の参集している避難所へ向かったところ、妻の同僚から「市民会館に避難した職員とは連絡がつかず、行方不明となっています」と残酷な言葉を告げられた。目の前が真っ暗になった。警察官として瓦礫《がれき》の山と無数の遺体を見てきたからこそ、助かってはいないだろうと思った。

警察官は公共の安全と秩序の維持を担う仕事なのに、最も守るべき自分の家族さえ守れず、自分の無力さを感じた。警察官とはいったい何なのだろう、結局、何も出来ない存在なんだと強く感じた。

そんなある日、何も手につかなくなり打ちひしがれていた自分に、妻の両親から「娘は警察官としてのあなたと結婚した。警察官でなかったなら結婚しなかっただろう。それならば警察官として、やるべき仕事をしなさい」と言葉を投げかけられた。

私はこの言葉にはっとしたのを覚えている。今はみんな震災により、不安を感じている。今こそ警察官として出来ることをしよう。妻は守れなかったけど、警察官として守るべき住民がたくさんいる。その人たちは助けを待っているはずだ。もう妻は戻ってこないけれど、代わりに自分を頼ってくる住民を守ろうと。

それから私は、あるときはご遺体の捜索、あるときは警察署へ不安を感じて訪れる住民の対応、そしてあるときは金庫や貴重品の回収といったさまざまな任務に就いた。

私は警察官であったが、それと同時にまぎれもなく震災による被災者であった。だからこそ、あらゆる任務の中で接する被災者の気持ち、とりわけ家族を失った人の気持ちがよくわかった。

窓口で住民の対応をしていたある日、1人の中年女性が警察署を訪れた。「私の息子が行方不明なんです。どこを探しても見つかりません」と、その女性は涙を堪えながら、ガソリンも手に入らないため自分の足で息子を探していた。親身になり話を聴いているうちに、震災の数日前に巡回連絡した家であり、そのとき応対した方が行方不明となっていることに気が付いた。私はその女性に、巡回連絡のときの息子さんの様子を伝えるとともに「実は私の妻も行方不明なんです。仕事の合間に、私は遺体安置所を巡っていますので、もしかしたら、そこで息子さんが見つかるかもしれません。行方不明になったことは悲しいけれど、見つからないよりは見つけてあげたほうがいいと思います。見つけてもらうのを待っていると思いますので、迎えに行ってあげてください」と伝えるとともに、遺体安置所の場所を教えた。その女性はしきりに感謝し、警察署を去って行った。

また、遺体捜索に従事していたある日、瓦礫撤去に従事している業者から、ご遺体発見の連絡が入った。急いで現場に向かったところ、そのご遺体は崩れた屋根の下から発見されたもので、一見して男性であり、左手のみ欠損している状態であった。

既に現場には、その者の家族と思われる人たちがおり泣いていたが、私は完全な形で家族の元へ返してあげたいと思い、「欠けている左手を探しましょう」と瓦礫の中を探し始めた。

私の姿を見て、普段なら重機で瓦礫を撤去している業者も、作業を止め素手で少しずつ土砂を取り除き、欠けている部分を探したのだった。

結局、大量の瓦礫の中、いくら探しても見つからなかったのだが、その姿を見て、家族は「もういいです。みなさんの探している姿を、空の上から私の父も見ていて満足しているはずです。本当にありがとうございました」と感謝の言葉をくれた。

震災発生から数カ月たち、管内の仮設住宅を巡回連絡していたときだった。

住民の話を聴いていた私に「あのときは本当にありがとうございました。お巡りさんから話されたとおり、そのあとすぐに遺体安置所に行ったところ、息子を見つけることが出来ました。息子は亡くなってしまいましたが、私のもとに連れ帰ることが出来て、なんだかうれしいのです」と声をかけてきた女性がいた。

あの日、警察署の窓口に行方不明の息子を探しに来たひとりの女性であった。私にしきりに感謝するとともに「お巡りさんの大事な人は見つかりましたか。早く見つかり、お巡りさんのもとに帰ってくればいいですね」と身を案じてくれた。私は涙が出る思いであった。こんな過酷な状況の中で他人を案じることが出来るなんて。

震災から1年以上たち、私は今も仮設住宅を見回っている。そこに住む高齢者や住民らとたわいもない会話をするためにである。仮設住宅に暮らしている方は皆、少なからずこれからの生活がどうなるか先行きが見えず不安を感じている。私が警察官として姿を見せることで、少しでも住民の不安を取り除ければ、その手伝いができればと考えている。

私が、仮設住宅の住民に声をかけると、きまって「お、今日も見回りに来たのか。ご苦労さん。お巡りさんが姿を見せてくれれば安心だ。逆に数日、姿を見せないと、何かあったのかと不安になる」と口々に漏らす。

仮設住宅に暮らす住民は皆、被災者であり、被災者とは、もともとは別の住居に住んでいた方である。当たり前のことを言うなと言われるかもしれないが、仮設住宅に居住していることそのものが非日常的なことであり、不安を感じている要因の根底にある。その環境が解消されるまで、警察官として継続的に姿を見せるべきではないだろうか。

発生した犯罪を検挙することだけが警察の仕事ではなく、こんなときだからこそ積極的に姿を見せ、公共の安全と秩序のため見守っていく活動も大切なのではないか。

2011年3月28日、陸前高田市

警察官にはよく「誇り」と「使命感」が大事だと聞く。しかし本当の「誇り」や「使命感」とはそんな大それた言葉で表されるものではなく、誰かを守りたいというちょっとした思いなのではないか。その思いは人それぞれかもしれないが、今の自分を支えている気持ちである。

私は、返せなかったあのときのメールの代わりに、今日も仮設住宅を回る。

失われた初任地の風景

橋本　大輔（大船渡警察署、巡査）

その日の夜を市役所で過ごしました。夜が明け、水が引いた市内を見た時、私は言葉を失いました。1年間見ていた自然に囲まれた陸前高田市はなく、建物もほとんど流され、瓦礫しかない状態でした。

「後ろを見てください」という後輩警察官の一言で振り向いた瞬間、想像を絶するような光景を目の当たりし、このような悲惨な日になるとは夢にも思いませんでした。

私は平成22年2月に大船渡警察署に赴任しました。警察学校を卒業し一線で仕事することに不安もありましたが、とにかく元気よく地域住民に愛されるような警察官になりたいと思っていました。高田幹部交番勤務を命ぜられ、1週間の教養を受け第一線での警察官人生がスタートしました。私が感じた陸前高田市の印象は、山や川、海など、自然に囲まれており、地域住民の方々も温かい人たちばかりの地域だと感じました。

職場実習期間を終え4月には勤務員も変わり、新しい体制での勤務が始まりました。当時交番の活動重点としては、関係機関との連携強化、地域住民との良好な関係の確立、地震・津波対策でした。自然災害はいつ起きるか予想がつきません。

また、私たち沿岸署勤務員は地震が発生した際、一番に考えなければいけないのが津波です。そのため津波警報等が発令された際の対応などの想定訓練を何回も実施していました。地震発生時の各関係機関との連携、沿岸線の避難誘導、交番内での動き等を重点的に、訓練を日々実施していました。

しかし私はこの時、心のどこかで「これだけ訓練していれば大丈夫だろう」「津波なんてここまで来ないだろう」と思っていたのかもしれません。

翌年3月の内示で人事異動が決まり、本署における送別昼食会を終え、いったん交番に戻り事務処理を行っていました。その時、交番内に地震速報の音が響き渡り小さな揺れからだんだんと揺れが大きくなり、交番内が激しく揺れ始めました。私は、この揺れはいつもの揺れとは全く違うと感じ、頭の中で「津波が来る」と最初に思いました。すぐに交番所長指揮の下、交番内のけん銃やパソコンなどを金庫に全部保管し、当時当番勤務員であった2名についてはパトカーを使って海岸線で避難誘導、他の2名についてもパトカーで海岸線の避難誘導に従事していました。

また、当日は陸前高田駅周辺においてデモが行われていたため、デモ警備に従事していた3名は、そのまま駅周辺の避難誘導にあたっていました。

交番内には高橋俊一交番所長、補導職員ほか私を含め6名が交番内にいました。所長は無線機で海岸線の避難誘導にあたった勤務員に指示をしていました。

その時鳴った交番の電話を私がとりました。それは同じブロックの矢作駐在所の中津巡査部長からであり、「駐在所内には目立った被害はないので、受け持ち管内の被害状況を確認した後、高田幹部交番に行きます」との連絡でした。

私はその旨を交番所長に伝えた後に、陸前高田市役所内に設置された災害対策本部に無線機を持って向かいました。市役所の災害対策本部内もかなり混乱した状態であり、また停電のためパソコン等は起動しておらず、災害情報も入っていない状況でした。私はこのまま災害対策本部にいても情報が入らないため交番に戻ろうとしたその時、市役所職員が叫びました。

「高田松原の水門を数メートル超えた波が到達しました」

私は高田松原の水門は約5メートルの高さだと聞いていたため、さらに数メートル超えたのであれば市内も危ないと思い、急いで交番に戻り所長にその内容を伝えました。

所長は交番内に残っていた勤務員3名と私に、周辺の住民の避難誘導にあたるよう指示し、私たちは避難誘導を始めました。その時1人の勤務員が市役所方向に避難誘導をしていたので、後を追うように後輩警察官、そして私の順番で市役所方向に避難誘導し、私が交番を横切った際、交番から所長が出てきたのです。そして「ここからが私の本当の仕事だ」と一言、私に言い残し交番に戻っていきました。

私はその言葉に対して何も言えず、そのまま避難誘導を続け、住民に早く高台に避難するよう呼びかけていました。

その時、後方にいた後輩警察官に「後ろを見てください」と言われ振り返った瞬間、何も音を立てずに海岸から砂ぼこりをあげ、住宅が次々と波にのみこまれていくのが見えました。私は、津波がすぐ後ろまで来ている、このままでは死んでしまうという恐怖心でいっぱいでした。

とにかく逃げなければと思い市役所方向に走り、市役所の入口が開いていたので市役所の中に逃げました。市役所の1階半分まで上ったとき、津波がものすごい勢いで入ってきて、私より後に市役所に逃げ込んだ住民たちが津波にのまれていくのが見えました。何もできない自分がとても悔しく思いました。

津波は勢いを増し私のすぐ後ろまで追ってきて、私の足も水につかり始め、やっとの思いで市役所の屋上にたどりつきました。しかし津波の勢いは収まらず、屋上部分も水に浸かり、さらに高い所に上ったところで津波の勢いは収まりました。

市役所の上から陸前高田市内を見たら、市内は全てが海になっていました。こんなことが現実にあるとは思えず、自分の目を疑ってしまい言葉が出ませんでした。他の勤務員は無事なのだろうか、この先どうすればいいのかなど、私自身、混乱していました。市役所内に避難した警察官は後輩と私の2名だけでした。みんなどこか違う場所に必ず避難していることを信じ、私はその日の夜を市役所で過ごしました。夜が明け、水が引いた市内を見た時、私は言葉を失いました。1年間見ていた自然に囲まれた陸前高田市はなく、建物もほとんど流され、瓦礫しかない状態でした。

その後、高台に現地本部が設置されていると聞き、とにかく現地本部に行こうと思いました。現地本部に到着した時、高田ブロックの警察官は私を含め7名は無事でしたが、他の5名の勤務員の安否確認ができていない状態でした。

しばらく後、高橋俊一交番所長がご遺体で発見され、当時当番勤務員であった小林副所長、百鳥巡査、矢作駐在所の中津部長についてもご遺体で発見されました。残りの1名である気仙駐在所の金野部長はいまだ発見されていない状態でした。私は今まで一緒に仕事をしていた勤務員がいなくなったという現実を受け入れることができませんでした。

しかし、残された私たちは亡くなった仲間のため、被害にあった住民のためにも泣いている暇などないと気持ちを切り替え、災害警備活動に従事しました。他県の警察官や消防、自衛隊の応援を頂き、捜索活動や遺体搬送、拾得物の処理等に当たりました。

当初はライフラインもままならない中での毎日はとても大変でしたが、電気、水道、ガスについては2カ月程度で復旧しました。日にちがたつにつれ私たちの活動も落ち着きましたが、まだまだ見つからない人たちがいます。今でも捜索活動は継続されていますが、行方不明者すべての発見には至っていません。

500のご遺体と向き合って

伊藤　慧司（釜石警察署、巡査）

休み無しでの仕事がしばらく続いた。疲れて嫌になってしまうこともあった。そんな時に先輩が「これが出来るのは警察の俺らしかいないんだ」と言ってくれた。警察官として、絶対にこの苦難を乗り越えてやろうと思った。

震災から1年半が経過し、もはや過去のこととなってしまっている。時間とは恐ろしいものである。

私は当時、釜石警察署の自動車警ら班として三交代勤務をしていた。震災当日は公休であり、当時は宿舎で休んでいたところであった。くしくも、その日は故・村山警視正を当番長とする班での、異動前の最後の当番会を予定していた。

午後2時46分、非常に強い揺れを感じ飛び起きた。しばらく収まらない。テレビをつける余裕もなくすぐに出動服に着替え、部屋を飛び出した。

今回の震災の数年前、釜石署で大規模な津波を想定した訓練を実施した。その際の参集時の条件が「数日間寝泊まりできる準備をし、各自必要だと思う物を持参すること」であった。私は指定された通り、海から離れた小佐野《こさの》交番に徒歩で参集した。その経験があったことから震災当日、私は服や食料をバッグに詰め込み、走って小佐野交番へ向かったのだった。

すぐに大津波警報が発令され、街中は騒然となっている。警電も絶たれ、携帯電話も使用できない。連絡手段は警察無線のみであった。その無線も鳴りやまず、常に通話が輻輳《ふくそう》しているような状態であり、よく聞き取れないが悲惨な状況だけは耳に入ってくる。「指揮を待っているどころではない」。私はそう考え、同僚とパトカーに乗って釜石署がある海の方向へ向かった。

釜石駅付近まで行くと、海側から雪崩のように車が詰まっている。もはや道路なんてものではない。その奥から、波が見え、われわれはマイクで避難するよう叫びながらすぐさまUターンして、引き返したのだった。

そこから交通規制を始めた。海側に進行する車を全て止めた。資機材も何もない、出動服のまま交差点で立ちふさがった。「家族が居る」「俺は死んでもいいから進むぞ」などと悲痛な住民たちの声を聞きながら、それでも全て止めた。そこまで波が来ているといってもなかなか信じてくれない。そんな現実離れした、ひどい状況であった。

夜になり、隣接署の応援部隊が見えた時は、本当に「助かった」という気持ちであった。

また、翌日には既に兵庫県警が応援に来ており、涙が出るくらい感動し、感謝の気持ちでいっぱいだった。

後に聞いたことであるが、阪神淡路大震災を経験した兵庫県警は国内で同様の大災害が発生した時に備え、常に出動態勢にあるということだった。県内部隊と同様に、震災当日のうちに兵庫を出発してきたということである。

私もその崇高な使命感を直に感じ、出動があった際は自ら志願したいと思った瞬間であり、大災害等の非常時の早期出動体制確立の必要性を強く感じた。

正直、それから数日間の事はよく覚えていない。私自身、必死であったこともあるが、思い出したくないという乖離《かいり》状態に陥っているのかもしれない。

署員が数名行方不明になっていることを耳にしたのは2、3日後であったと思う。翌日から私は検視班として、被害が甚大であった釜石市鵜住居《うのすまい》地区へ向かうこととなった。目に入るもの全てが衝撃的であった。もはや戦場である。

3年間住んだ釜石という街が何もなくなっていた。思い出をたどると涙が出てくるので、私は他の事を考えるようにしながら行動していたように思う。

道路が瓦礫だらけで進める状況ではなく、何度も進路を変え、最後は遠野市から山道を経て鵜住居地区へ至った。

いまだ水が引いておらず、言葉に出来ないような状況であった。住民からは「そこに死体があります」「そっちに遺体がありました」と、聞こえてくる声はそんな声ばかりである。

後に遺体安置所として指定されることとなる紀州造林という会社の敷地内を、釜石市で使って良いという許可がおりたと耳にしたことから、私たちはだだっ広い敷地をゼロの状態から検視場所・安置所として運用し始めた。

警察人生で一度経験するかどうか。私は多数の遺体の処理に従事することとなり、何から何まで分からないことばかりであった。人手が足りない中で検視と遺族対策を兼務しなければならなかった。

数日後には、他県の応援部隊が到着し、合同で作業を始めた。

私は後に「遺族対策班」となり、被災した家族らの対応、遺体の返還等に専属して従事することになったが、その要領を教えてくれたのが愛知県警のある警部だった。

当時、本県では自分の職務でみんなそれぞれが手いっぱいであり、私は他府県警の方々からたくさんの指導を受けた。特に感慨深かったのが「こんな時に階級うんぬんじゃない」という姿勢の他府県の警部、警部補の方たちであった。巡査の私にすら丁寧に接してくれ、連絡先の交換まででした。

安置所には続々とご遺体が運び込まれる。その一人一人にドラマがあるわけで、この作業に従事していると自然と涙が出てくる。そもそも涙もろい私であるが、1日のうちに何度もそういった瞬間に顔を出さなければならないので、逆に涙には強くなった。

最もひどかったのは、運用を開始して3日目だったと思う。1日のうちに100体以上の遺体が運び込まれ、収拾がつかなくなった。数日後に到着した応援部隊のおかげで、なんとか混乱にはならなかったが、未検視の遺体が100体近く並んでいるのは、壮絶な光景であった。

そんな中で夜に宿舎に帰ったところで電気もガスも止まっており、真っ暗な中で疲れて寝るのみである。

そしてまた朝がやってくる。冷たい水を浴び、頭を洗い、使い切りカイロを体に張り、交番に歩いて向かう。

交番に行くと、同僚がいる。毎日変わらずあいさつを交わす。これにどれだけ力をもらったことか。「今日もがんばろう」と気合いが入った。

同じ苦労を味わった同僚たちとは、これ以降も顔を合わせることになるが、特別な気持ちがこもっている。これを、当時の釜石署長、山内警視は「戦友」と表現していた。まさにそのとおりだと思う。

そんな状況が1カ月ほど経過した時に、私は遺族対策班の任務解除を受けた。それまで紀州造林に運び込まれた約500体のご遺体全てと顔を会わせていたこともあり、今でも当時の事を思うと、家族等の膝を落とす姿を思い出し、胸が苦しくなる。私は家族の方々に「お返しできる状態で見つかったことは、幸せなことだと思います」と説明した。今現在の状況を考えると明らかだが、いまだに行方不明としてご遺族に返還できていない、そして発見されていないご遺体がまだまだある。それを思うと、あの言葉は間違っていなかったと思う。

休み無しでの仕事がしばらく続いた。疲れて嫌になってしまうこともあった。そんな時にある先輩が「これが出来るのは警察の俺らしかいないんだ」と言ってくれた。警察官としてのやりがいを実感し、絶対にこの苦難を乗り越えてやろうと思った。

一番辛かったのが、殉職された釜石署員3名との対面であった。その度に泣き崩れた。元気な顔でまた会える事を信じて疑わなかったので、遺体と対面するまで亡くなったなんて信じることが出来なかった。検視を担当した同僚刑事課員の当時の心理状況は想像を絶するものであったと思う。

今思い返すと、感謝する心と譲り合う精神、それによって協力でき、過酷な日々を戦友と共に乗り越えられることができたと思う。

私のあこがれであり、目標にしていた初任科時代の担当教官である故・村山警視正は、私にこう話してくれたことがあった。「仕事が出来る、出来ないじゃないんだ。そんなのはどうでもいいんだよ。最後は人間力だぞ」これは私の中で警察人生においての座右の銘としてずっと心に留めておく一言である。

今回の震災のような非常時には人間の真の部分が露呈する。それは決して悪い意味ではない。仕事が出来る人は素晴らしく、私からすればうらやましく、本当に勉強になる部分ばかりだ。ただ、私は人として尊敬できる人は、それだけでは足りないと思っている。前述の「人間力」という言葉はそういった部分であると思う。少なくとも私が尊敬している先輩方は、みんな人望に厚く、仕事にも熱い方々だ。私もそんな警察官を目指している。

どんなに復興しても、元には戻らない。残念なのは、支援に来てくれる人たちが震災前の街を見ていないことだ。テレビを見ても映されるのは震災直後や現在の状態ばかりである。更地になってしまっている場所が華やかな商店街だったなんて言っても今の状態からでは想像もできないだろう。

この震災がどれだけのものを奪ったのか。それをこの先の警察業務を通して伝えていけたらと思う。

笑顔が戻る日まで

小野寺　誠（釜石警察署、警部補）

「私、今、笑ったよ」と、奥さんが傍らの旦那さんにうなずきました。そして、確かめるように「もう笑っても、いいんだよね？」と聞いてくるので、私は「だって、今まではずっと泣いていたでしょうから、そろそろ笑っていいと思いますよ」と言いました。

「多数のご遺体があるので、付近に仮に安置する場所を設定してほしい」

これは、私が、震災後の平成23年3月13日、釜石市災害対策本部に入って間もなく、捜索を開始していた自衛隊から釜石市災害対策本部に要請された案件でした。

今度は海上保安部から「釜石港の海中に多数のご遺体があります。収容作業を始めるので、引き上げを予定する魚市場付近に仮の安置場所を設定してほしい」との要請も続きました。

当時は主要道路の復旧作業が開始されたものの、市内の被災市街地はまだまだ瓦礫に覆われており、ご遺体の一時安置場所の選定は、正規の安置場所になる場所までの瓦礫の撤去状況を勘案しながら、市役所担当者、消防、自衛隊、海上保安部の係官等と検討しながら進めました。私は、ご遺体の収容作業がスムーズに行われるよう祈る気持ちで、釜石署の災害対策本部にもその旨を伝えたのでした。

同時に、この要請内容から「途方もない犠牲者の数」が現実となる予兆かと思う一方で、恐怖とも深い悲しみとも違うような、到底、言葉では言い表せない感情でいっぱいになりました。

その後、震災後初の救援物資輸送を巡るトラブルがあった時のことです。

釜石市の災害対策本部に、救援物資を輸送していた担当者から、「やっと救援物資を運んで来たのに、釜石に入るところの検問で足止めされている」との連絡が入ったのです。

市の担当者が私に、この連絡内容を伝えながら「警察さんで、なんとかならないべが、避難している被災者への物資もまったく不足していて、みんな救援物資を待っているんです。それなのに、なんで通されないんだべね？」と聞いてくるのでした。

この連絡内容と市の担当者からの話を聞いた私は、一瞬耳を疑いました。

まさか、警察がこんな大惨事の時に、被災者や市民みんなが待っている救援物資の第1便を通さないということがあるのかと思い、戸惑いと怒りが一気に込み上げてきました。

早速、事実確認のため、釜石署災害対策本部にその旨を無線連絡したところ、検問現場からの確認結果として、「緊急車両通行標章」がないために通行させられないということが分かったのでした。

その時、私の傍らに立って、この無線のやり取りを聞いていた野田釜石市長が「事情は分かりますが、何とかトラックを通してもらえないでしょうか、被災者や市民の方々が待ち望んでいる最初の救援物資ですから。私から、何とかお願いします」と、頭を下げながら話してきたのでした。

思わず、私は、釜石署災害対策本部に無線で、「ただ今、野田市長から要請を受けました。現在、検問を受けているトラックの通行を至急許可願いたい」と連絡しました。

すると「こちら署長です。ただ今の無線は了解しました。直ちに通行させます」と、当時の山内署長から直接回答があったのでした。

その時の、野田市長をはじめ市災害対策本部に詰めていた職員の安堵した表情を今でも忘れません。

私は震災後の3月13日から5月下旬まで、ほぼ毎日、市災害対策本部に詰めて、各機関がスムーズに活動できるよう対応に追われました。被災者家族からの「ピンポイント捜索」の要望受理や、遺族対策班の身元調査のための住基台帳確認作業の市役所担当者への橋渡し、金庫などの遺失届の受理、そのほかさまざまな市役所との連絡調整について、第1次的な警察側の窓口を務めました。

連日のように野田市長をはじめ釜石市役所の職員に囲まれ、被災関係者やマスコミなどが行き来する環境にありました。最初の数日間は、災害対策本部に詰めていた市職員の方々と寝食を共にしたこともあり、必然的に「この人たちのため、釜石のために尽くす」という一心で対応に当たっていました。

この気持ちをより強く意識したのは、災害対策本部の業務に多少の余裕も出て、対策本部を設置してあるシープラザに泊まり込みを続けていた市の職員も、いったん自宅に戻り始めたころでした。

それでも、シープラザの奥に置いてある毛布や布団類があまり減らないことから、ある職員にそのことを聞いてみたのです。

すると、その職員は、「あぁ、あれは自宅が被災した職員のもので、避難所から通うより、こっちにいた方がいいって、まだここに泊まっているんです」と教えてくれたのです。

いつも顔を合わせている市職員の方々から「昨日、震災以来、やっと自宅に戻って少しだけ片付けをしてきた」とか、「うちで、お袋がまだ行方不明で、明日、やっと休みなので、安置所を見てまわろうと思っているんだけど、（ご遺体を）ちゃんと見られるか不安だ」などと言われ、私は、はっとしたのです。

市職員の中には、家族を失った人、家屋を失った人が少なからずいたのです。そのような境遇にあるにもかかわらず、自分のことは後回しにして、毎日、とにかく一生懸命、被災者や市民のために尽くしているのだと改めて気付かされたのでした。

これが真の「誇りと使命感」なのだと痛感させられたのでした。

しかし、私の任務は直接、現場において活動するものではありませんでした。いくら寒かろうが暑かろうが、トイレが外の簡易トイレだろうが、ちゃんとした建物の中での業務でしたので、「自分が一番楽をしているのではないか？」との劣等感のような思いを持っていたことも確かでした。心の中では、交番はおろか町全体が被害を受けた大槌町で活動している同僚や、ご遺体搬送班、検視班や捜索班などの苦労を思いやっていました。

そんな中「ピンポイント捜索」においては、行方不明者の家族から同じような場所の捜索を要請され「何回、同じ場所を捜索させるんだ！」という捜索班の見えない声を思いながらも「被災者の気持ちを最大限に尊重した対応」を前面にして、同僚にでも頭を下げながら捜索を頼むこともありました。

そして、もうひとつ、釜石市災害対策本部の業務中に、強く思ったことがありました。

それは「笑顔」です。

災害対策本部の市職員から、遺失届を出したいという人が来ていると告げられて行くと、60歳前後の夫婦が不安そうな面持ちで椅子に座っていました。

事情を尋ねたところ、自宅が被災してしまい、すべて流されてしまったが、せめて金庫だけは遺失届を出しておきたいということでした。

この時、私がどのように応じたかは定かではないのですが、確か会話のやり取りの中で、金庫はなくても命があって良かったということを笑顔で話したところ、奥さんも笑顔で応じたのです。

「あっ、今、笑った。おまわりさん」「私、今、笑ったよ、あれ（震災）以来だよ、笑ったの、ねぇ」と、奥さんが突然大きな笑顔で、傍らの旦那さんにうなずきました。

そして、確かめるように「もういいんだよね？笑っても。いいんだよね？」と聞いてくるので、私は、奥さんに「だって、きっと、今まではずっと泣いていたでしょうから、そろそろ笑っていいと思いますよ。泣きたい時には、我慢しないで泣いて、そして、その後は笑いましょう」と話しました。

奥さんは旦那さんと顔を見合わせながら、目に涙を浮かべていました。

ご夫婦が辞去する際に奥さんから、「おまわりさん、ありがとうございました。おかげで笑うことができました」と言われたときには、私の言葉も詰まって、視界もにじんでいました。

当時、私は、市災害対策本部の職員も被災者であるとの思いから、職員などの前で笑ってはいけないと思っていました。

しかし、この時期にはテレビや新聞で「やっと笑った」「笑顔が戻った」などと報道され始め、この「笑えた、笑顔が戻った」という本当の意味まで深くは考えてはいませんでした。

それだけ言葉にもできないほどの悲しみや苦しみ、そして絶望の思いを懐きながら避難生活を送っている被災者の本当の思いに触れた出来事でした。

被災地が復興するまでには、まだ長い時間が必要でしょう。

しかし、一刻も早く、被災地の方々に笑顔が戻るよう日々願っておりますし、私自身、これからも何らかの形で一助になれるよう頑張って行きたいと思っています。

県民の命と警察官の命

千葉　正詠（釜石警察署、警部）

若手警部補の遺体が発見された日、交番2階の宿直室を片付け、遺体を安置し朝まで付き添ったとき、こみ上げる涙が延々と止まらず、そして、この日を境に涙がかれてしまった。

○発災3年前

平成20年3月、釜石署の地域課長として着任し、初めて災害警備対策に携わった。宮城県沖地震の発生確率が10年以内60％と言われる中、なぜ警察署が漁港に隣接した海辺に建っているのか、その立地条件に強い疑問を抱きつつ、世界最大級の建造規模といわれた湾口防波堤が警察署をはじめ釜石の市街地を守ってくれるものと信じ、署長指示を受け地震津波災害対策の見直しを行った。

まず、初動対処要領を策定し、30分以内といわれていた第一波到達までの限られた時間内にとるべき措置を、沿岸運転免許センター、交通機動隊沿岸分駐隊を含め、在署勤務中・署外活動中、休日・夜間に分類して、在署員は署内の階層ごとに決めた。

訓練の参集場所が警察署であったのを、統合新設した小佐野《こさの》交番に変更した。被災予想駐在所の勤務員を集め研修会を開催し、有事の際の初動対処について、駐在所の立地条件ごとにミニパトを使うか否か、何を持ち出すべきか、同伴している夫人をどう避難させるか、勤務員が寝るときの服装に至るまで、細部の協議・検討を重ねた。

防災関係機関である海保、消防と警察の三機関連携会議を発足させ、本音を戦わせた会議や懇親会を通じて、相互理解を深め連携強化を図った。

そして、翌21年1月には、宮城県沖地震の発生確率が70％に引き上げられた。

今となって思えば、大きな反省点は2つ。まず、警察はもとより自治体その他防災関係機関がとっていた事前対策の全ては、文科省の海溝型地震長期評価に基づき県が策定した宮城県沖地震津波のハザードマップという科学的データをよりどころとして策定されていたこと。もう一つは、前任地の大船渡署以来、津波注意報発表の都度、規定に基づき全署員規模の災害警備体制をとるにもかかわらず、津波の到達や実際の被害がないという経験を幾度となく繰り返しているうち、沿岸署員自体がこのような状態にならされ、注意報の発表を、イソップ寓話のオオカミ少年が叫んでいるように受け止めていたこと。

○発災1年前

平成22年2月28日、マグニチュード8・8のチリ地震に伴う大津波警報が発表された。関係機関では、地震の発生から津波の到達までに時間的余裕がある遠地地震津波ならではの混乱が生じ、国道45号を全面通行止めにしたことで大渋滞が発生した。警察署をはじめ自治体などには多くの苦情が殺到し、現場の規制要員も一般市民から罵詈《ばり》雑言を浴びせられた。結果、養殖棚等の漁業施設には被害が生じたが人身被害はなく、規制の必要性が問われ、事後の会議では道路管理者がつるし上げられる事態となった。これを受けて、道路管理者は迂回路《うかいろ》の策定作業に入ったが、浸水区域の中でそもそも迂回路は存在せず、通行止め箇所を検討するに当たり、ハザードマップの浸水区域内でも可能か否かを模索するような状態となった。

また、市長以下出席の防災会議でも、浸水予想地区の町内会代表者から、「足腰が悪い年寄りが多く、指定された高台まで避難できないので、浸水区域内の高地を避難場所に指定して欲しい」という要望が出されるなど、官民ともに危機意識が低下の一途をたどっていた。

平成23年に入り、発災11日前の2月28日、年度末異動が内示され、発令予定日の3月15日をもって、自分も3年間の釜石署勤務を終えることとなった。

発災6日前の3月5日、三陸縦貫自動車道釜石山田道路の片岸・水海間が部分開通し、後に「命の道路」と言われるとは知る由もなく、今後の迂回路対策は大幅に改善されるものと感じていた。

そして発災2日前の3月9日午前11時45分、三陸沖を震源とするマグニチュード7・3、最大震度5弱の地震が発生し、予定していた送別昼食会を取りやめにして災害警備対応に当たったが、被害の発生はなく、これが来る3月11日の東日本大震災の前震だとは誰しも夢にも思わず、転出予定者も最後の最後まで災害警備対応に追われる自分たちの姿に、苦笑いをしていた。

◯3月11日以降

3月11日、異動に伴う事務引き継ぎを受けるため、昼近くに署を出発した。警察本部へ向かう道中、車を運転しながら沿岸勤務の6年間を通じとうとう津波が来なかったと不謹慎にも感慨深く感じていたことを、今後の自分の油断を戒める一生の反省として深く心に刻んでいる。

発災後、盛岡市内の信号機滅灯による大渋滞により夕刻まで市内を出ることができず、暗闇の中、旧仙人道路を抜けて釜石市内に入った。

小佐野交番で参集署員等と合流し、署員の安否確認作業及び本署残留署員の救出の段取りに入ったが、以後の記憶は判然とせず、背広にネクタイ、コートという当日の服装のまま、昼夜の別なく慢性的な頭痛に悩まされながら、おびただしい遺体の発見と搬送、逮捕事案の処理等に当たる日々が続いた。

瓦礫《がれき》により道路が寸断された中、陸路では全く現場臨場しようがないのに本部から臨場指示を受けるいら立ち。

唯一の連絡手段であるＡＰＲ型無線機が、発災数日後の深夜に不通となり通信手段が途絶したときの不安感（無線中継所の燃料切れと判明し勇気ある情報通信部職員により後に解消）。

隔絶された大槌町の被災状況把握のため、屈強な署員3名を指名して遠野経由で現地入りしたとき目の当たりにした想像を絶する焼け野原と、再会した若手交番勤務員が流した涙。

電気が復旧し気持ちが前向きに感じられた直後の4月7日午後11時32分、交番で当直中に迎えたマグニチュード7・1の最大余震で再び停電した時、いわゆる「心が折れそうになる」という感覚を初めて覚えたこと。

部下として2年使い、苦楽を共にし、念願の刑事課に押し上げた若手警部補の遺体が発見された日、交番2階の宿直室を片付け勤務員用の布団を敷いて遺体を安置し朝まで付き添ったとき、こみ上げる涙が延々と止まらず、そして、この日を境に涙がかれてしまったこと、等々。

○教訓

震災後異動により現所属へ異動し、平成23年11月、「非行少年を生まない社会づくりフォーラム」を開催した際、釜石東中学校の校長に講演を依頼した。避難3原則（想定排除・最善尽力・率先避難）を平素の防災教育を通じて生徒たちに教えた結果、当日の欠席者1名を除き犠牲者を出さず、「釜石の奇跡」と呼ばれた学校だ。

この学校では、防波堤性能を加味したハザードマップ上で、学校の位置が浸水区域外であるにもかかわらず、地元のお年寄りたちから語り継がれた言い伝えを信じ、ひたすら避難した。決して難しいことをしたわけではないが、自治体も、防災関係機関も、警察もできなかったことを成し遂げた。「想定外」のないようにするための原点がここにあると感じている。

また、誰もがかつて経験したことのない異常な状況の中では、誰しも余裕を失い不安に陥る。すると、ベテランか否かにかかわらず、自己防衛本能が働き、平常時ではあり得ないような不満、本音、感情がむき出しになる。自分と他人の任務や勤務指定を比べて公然と不平不満を吐く者。具体的な出動時間を明示されない限り、いつまでも食料を口にしながらぼんやりしている者。震災を理由にやるべきことから逃れようとする者などなど。

警察署という城を失い、度重なる余震で十分な睡眠もとれず、ただでさえいら立ちを募らせている署員の様子を署幹部として把握しながら、努めて雰囲気を和らげ士気をあげようと交番所内の環境を整えたり、殉職者の遺影を用意し安置したり、応援部隊向けのメッセージカードを作ったり、冗談を言ったりと、さまざまな工夫をしたつもりではあったが、やはり自分自身も限界に達しているため、自身のいら立ちも抑えられなくなり、体力もさることながら、指揮官としての強靱《きょうじん》な精神力の必要性を痛感した。

平成23年12月と翌24年1月、北海道警察と本県警察の警察学校で、若手警察官を対象に講話する機会をいただいた。震災を通じた体験を踏まえた職務倫理というのがテーマであり、私見として「県民の命も、警察官の命も、命に軽重はないけれど、警察官の命というのは、人の命を救うことができる命です。だから、どんな過酷な状況でも、警察官である皆さんは生き延びて、人の命を救わなければなりません。そのために、日々の訓練があり

2011年3月28日、陸前高田市

ます」という趣旨の話をさせていただいたし、自分の中でも、今のところ、そのような整理しかできていない。

多くの「死」を乗り越えて

吉田　朋史（宮古警察署、巡査長）

「でも、あの時助けてもらったおかげで、息子と最後に言葉を交わすことができました。本当にありがとう」。私はその言葉に本当に救われました。

当日、私は山田町内の自宅で引っ越しの準備を進めていました。念願の交通機動隊に内示を受け、異動に向けて心を弾ませている最中、未曽有の大震災が発生したのでした。今まで経験したことのない大きく長い揺れは、非常事態であることを十分に物語っていました。直ちに制服に着替え交番へ向かうと、外では町の防災無線のサイレンが鳴り、「地震による大きな津波に警戒せよ」という広報が流れていました。

私に与えられた任務は山田湾の防潮堤で潮位変動の観測と報告、周辺住民の避難誘導でした。その際、上司から「いいか、何があっても海側には降りていくな。津波が来る前にすぐに逃げろよ」と強い口調で言われました。

隊内系無線を持って交番から飛び出すと、避難する住民の流れに逆らうように防潮堤の方へと走りました。防潮堤の上へ登り、山田湾を見渡すと、潮位が次第に引いていくのが分かりました。「岸壁際の海底が見えるくらい、潮位が引いています」。そう報告すると同時に、「本当に津波が来るんだ」と感じました。

私はすぐ「津波が来ます！　逃げてください！」と海側に向かって叫びました。海側にはまだ数名の漁業関係者が作業をしたり、海を眺めたりしていました。

何度も叫んでも避難しない人もいました。そうしているうちに、それまで引いていた潮位が次第に上昇してくるのが分かり、私には焦りが生じてきました。

「近くまで行って誘導するしかない」と思い、上司の言葉に逆らい海側へ降りる階段を下り、一人一人に避難を呼びかけました。素直に従ってくれる人ばかりではありませんでしたが、強く説得して避難させていきました。

そして、岸壁の端で作業をしていた最後の1人の漁師に避難を呼びかけた時、潮位は岸壁を上回ろうとしていました。私は強引にその人の手を引っ張り、防潮堤の方へと走りました。防潮堤まで約30メートルというところでした。鈍い「ガン」という音が立て続けに鳴ったかと思うと、ついに潮位は岸壁の高さを越えて来ました。波が越えて来たことで岸壁に係留していた船同士がぶつかり合って音が鳴っているのでした。その波に追われるように私たちは防潮堤へと駆け上がりました。

息を切らしながら、防潮堤の上から海側を見ると、波は既に平屋の作業小屋をのみ込み、小屋を覆うトタンの壁がきしむ音が響き渡っていました。

「このままでは防潮堤も越えてくるかもしれない」と不安が頭をよぎりました。直ちに防潮堤の上にいた人たちに対し、高台に避難するように呼びかけました。私も最後に残った漁師の手を引っ張ったまま、防潮堤を陸側に降り、高台を目指して再び走り始めました。後方の防潮堤からは地鳴りのような音が聞こえ、それが急に大きくなった時でした。ついに波は防潮堤を越え、陸側へとあふれ出してきました。それはあっという間に私たちをのみ込みました。背後からの圧力を感じた瞬間、体の自由を奪われ、つないでいた漁師の手も離れてしまい、別々に流されていきました。

「死んだな…」、そう思いました。その後、一瞬記憶がなくなりました。

次に気がついたとき、私は勾配の急な坂道の途中に倒れていました。運の良いことに、私は家屋の間を縫うように一直線に坂道まで流され、全身までのみ込まれず、たいしたけがも負っていませんでした。

さきほどまで一緒にいた漁師の安否が気になりましたが、その確認ができる状況ではありませんでした。

防潮堤を越えた波は見慣れた町並みを流し、陸の上では船が走り、転覆を繰り返す。想像を絶する光景でした。

第2波、第3波が来てもおかしくない状況でした。私は周りにいた住民に対し、坂の頂上にある寺まで避難するよう呼びかけました。足の不自由な高齢者を背負うなどしてほとんどの人の避難を済ませたはずでしたが、2、3人の人が波のすぐそばまで戻っていくのでした。すぐに追って話を聞くと、その人たちの家族が第1波襲来の際、家屋内に取り残され、安否が気になり戻ってきたとのことでした。

その家屋は1階部分がのみ込まれた状態で、取り残された家族はその1階にいたはずだと言うのでした。「救助は任せて、あなたたちは寺まで避難してください。家の中には決して入って来ないでください」。そう言い残し、ガラスが破れた窓から家屋内に入っていきました。

家屋内は家具や畳などがひっくり返り、泥や瓦礫《がれき》でいっぱいになっていました。私が呼びかけると奥の方からうめき声が聞こえてきました。無我夢中で家具や畳をどかしていくと、泥で真っ黒になった男性が家具の下敷きになっていました。全身にけがを負っているのか動くことができず、まともに受け答えもできない状態でした。私はその男性を畳の上に引き上げ、その畳を瓦礫の上を滑らせるように押していき、家屋の外まで搬出。その後は一般の人の応援をもらい寺まで運びました。

ほっとすると同時に他の地域の状況が気になりました。私は津波の襲来を受けていない山側をまわって山田町役場へと向かいました。役場にたどり着き町を見渡すと、あったはずの建物が無くなり、数カ所で火災が同時に発生していました。瓦礫が道路をふさぎ、消防も現場まで行くことができないのは明らかでした。山田交番も津波の襲来を受けたため、役場を拠点とすることになりました。

役場では要救助者の情報収集にあたり、現場で要救助者を救助、役場まで搬送という流れを終日繰り返しました。足が不自由な高齢者、津波の襲来を受けた負傷者、火災炎上中の家屋内に閉じ込められた人など、さまざまな人の救助活動に当たりました。ろくな装備もありませんでしたが、同僚と励まし合いながら決して諦めることなく救助を続けました。ようやく救助要請が無くなったのは日付が変わった頃でした。味わったことのない疲労感に襲われ、役場の椅子に横たわりながら仮眠をとりました。

翌朝、町を見渡すとそこには見慣れた町並みはもうありません。火はまだくすぶり続け、至る所から黒煙が上がった町は、空襲を受けた後のようでした。明るくなったことで新たな要救助者が見つかり、救助活動に当たりました。

その日の午後、役場にご遺体が収容されたので確認をしてほしいとの役場職員から知らせを受けました。今回の震災でご遺体に対面したのはそれが初めてでした。

そのご遺体というのは、4階建てのビルの屋上まで避難したが、迫り来る火の手から逃げることができず亡くなった若い母親でした。私は対面したとき、言葉を失いました。そのご遺体は火災により損傷がひどく、判別ができないほどであったにもかかわらず、確実にその両手で1、2歳になる我が子を抱いたままで亡くなっていたのでした。

その方の恐怖や無念さを思うと、助けられなかったことの悔しさや自分に対する無力感が大きくなり、私はただその場に立ち尽くし泣くことしかできませんでした。

その後は救助活動とご遺体の捜索活動に従事しました。他県から派遣された自衛隊の捜索部隊に山田交番から1人ずつ随行し、地理案内をしながら捜索活動を行いました。私は航空自衛隊の部隊に随行することとなり、約1カ月間、その体制が続きました。

捜索活動は常に危険が伴い、体力的にも精神的にも過酷なものでした。朝から夕方まで瓦礫の中を歩き続け、崩れてもおかしくない半倒壊の家屋やガス漏れしている家屋からご遺体を搬出することもありました。高齢の方もいれば幼い子どももおり、遺族が対面する場面に立ち会うたび、かける言葉もなく、ただご遺体に向かって手を合わせることしかできませんでした。捜索から帰って来ると立つ気力もなく、翌日の捜索に備えることで精いっぱいでした。

そのうちに、自分自身が津波の襲来を受けた場所の捜索を行うことがありました。自衛隊員からご遺体発見の報告を受け、確認すると見覚えのある男性が横たわっていました。その背格好や着衣から、私が手を引っ張って津波からともに逃げていた漁師だとすぐに分かりました。「どうしてあのとき…」と思うと、悔しさと自分だけ助かってしまった申し訳ない気持ちになり、あの時の手の感触がよみがえりました。

また次の日、同じ場所で捜索活動をしていると、私が流れ着いた場所で救助した男性の家族に会うことにありました。私は「その後の容体はどうですか？」と尋ねました。その家族は私を見るなり明るい表情になったので、私は「元気になりました」という回答が返ってくるものと期待していました。しかし、その家族の口から出た言葉は「あの後、息子は容体が悪くなり、その日の夜に亡くなりました」というものでした。

私は愕然《がくぜん》とし全身から力が抜け、その場に膝から崩れ落ちました。どうしようもない脱力感に包まれました。しかし、さらに男性の家族はこのように続けました。「でも、あの時助けてもらったおかげで、息子と最後に言葉を交わすことができました。本当にありがとう」。私はその言葉に本当に救われました。

3月11日以降、多くの「死」を目の当たりにし、そのたびに無力感を感じ、私は心底沈んでいました。しかし、男性の家族が私にかけた言葉は、たとえ結果が報われなくても、あの時の行動が無駄ではなかったと私に教えてくれました。

その後も捜索活動の中で、ランドセルを背負ったまま亡くなった小学生、手をつないだまま亡くなった老夫婦、亡くなった我が子の泥を泣きながらぬぐう母親などと出会い、悲しみが絶えることはありませんでした。それでも前向きに「1人でも多く、1日でも早く、家族のもとへご遺体をお返しする」という使命感で、あきらめず捜索活動を続けていきました。

6月の異動までの約3カ月間、無我夢中で走り続けました。我が身も津波に流され、家財のすべてを火災で失いました。それでも被災地での職務を全うできたのは、やはり警察官としての「誇りと使命感」があったからだと思います。

「『被災者』である前に『警察官』である」という警察官としての「誇り」が私を弱気にさせませんでした。

また、「使命感」に裏打ちされた行動は、たとえ結果が報われなくても、誰かを救うこ

2011年3月30日、山田町

とにもなるということを知りました。

この未曽有の大震災を乗り越え、経験を糧に、復興に歩み出した被災地に安全と安心を与えられるよう邁進《まいしん》していきたいと強く思います。

信頼される地域警察官に

熊谷　啓延（宮古警察署、巡査）

2人で数十分間柱を切断していると、火災が付近に迫り、自分たちも危険な状況となりました。退避しなければならないとの思いが強くなりましたが、私たち警察官の助けを求める女性をそのままには出来ませんでした。

山田町内では仮設の商店街が建設されるなど、復興に向けた活動が続いています。しかし、町内は瓦礫《がれき》こそ片付いたものの、震災の影響が今も色濃く残っています。当時を振り返り感じることがあります。それは非常時こそ、警察官は最も頼りにされる存在だということです。

震災発生当日、山田町は津波と火災により壊滅的な状態となりました。交番所員も被災し、救助資機材が流出した状況下での活動を強いられました。住民は皆自分の事で精いっぱいの状況であり、他人を助ける余裕がある人はいませんでした。そん

1 沿岸地域警察署 信頼される地域警察官に

な中、警察官は住民が頼りに出来る数少ない存在でした。要望は多岐にわたり、救助活動や負傷者の応急手当て、避難所警戒等、あらゆる活動が求められました。

そのような活動の中、倒壊家屋から女性を救助したことがありました。女性は津波で倒壊した家屋内に閉じ込められ、身動きも取れず、ずっと助けを求めていました。その声を聞いた私たちは直ちに救助しようとしましたが、それには相当な機材と人員が必要な状況でした。

そこで、「翌日には必ず助けに来る」旨を女性に告げ、その場を離れました。しかし日が暮れると、町内の火災が予想より勢いを増し、閉じ込められている家屋への延焼が確実な状況となりました。私たちは女性を救出するため役場からのこぎりを借り、再度現場へ向かいました。家屋の柱を切断し中へ入る必要がありましたが、延焼する前に救出来るかは分からない状況でした。

2人で数十分間柱を切断していると、火災が付近に迫り、自分たちも危険な状況となりました。退避しなければならないとの思いが強くなりましたが、私たち警察官の助けを求める女性をそのままには出来ませんでした。

作業を続け、ようやく進入出来る隙間を確保し、なんとか救出する事が出来ました。今回救出が成功したのは、女性が最後まで私たち警察官を信頼してくれたからだと思います。信頼があったからこそ、それに応えようと自分たちも諦めなかったのだと思います。

自分はこの経験を通じ、改めて住民との信頼関係が大切であると感じました。女性は顔も分からない自分たちを、警察官というだけで最後まで信頼し耐え抜いてくれました。地域住民との信頼関係は、日々の地道な活動でのみ構築することが出来ると思います。

地域警察官は、最も地域に密着し活動出来る警察官です。地道な活動を続け、地域住民から信頼される警察官になることこそが大切であると、震災を通じて強く感じています。

困難極めた被災状況の把握

菅原　一弘（宮古警察署、巡査長）

「重茂沖に200体の遺体が浮かんでいる」「山田町織笠の織笠大橋が崩壊」。情報が錯《さく》綜《そう》し、刻々と被災状況の情報量が増す中、連絡手段が県内系と共通系の2波の警察無線のみでは思うように伝達が出来ず、把握が極めて難しくなってきた。

○前兆

ある博物館に「津波の濁流の中で風呂おけに入った女性が流木に必死になってつかまろうとする姿が描かれた絵」がある。

私は被災地、大船渡市に生まれ、幼いころから両親や祖父母から津波に関わる話を何度も聞き、この絵を見ながら「地震と津波は一つの災害」と感じながら育った。

2010年2月のチリ地震津波、そして震災2日前の津波。潮位の変化を確認しながら、襲来したわずか数十センチの津波の力で養殖カキのイカダが破壊される状況を見て驚いていたのだが、それは単なる前兆にしか過ぎなかった…。

○激震

あの日、私は人事異動対象で送別会を終えた後、事務引き継ぎを行いながら本署と宿舎を往復して引っ越し準備を行っていた。突然地鳴りとともに天井の蛍光灯が揺れ出し、激しい横揺れに積み重ねていた段ボールが崩れ落ちた。強烈な揺れの中で、「大きな津波が来るな」と両親らの話を思い出しながら、いよいよ現実のものとして襲ってくるという緊張に胸が押しつぶされそうだった。

「すぐに非常参集せねば」と思いながらも、未経験ではあったが長期戦を覚悟しなければならないと考え、梱包した箱から、手袋、登山用下着、ラジオ、懐中電灯、手動式充電器、簡易コンロ、防寒着等をリュックサックに詰め込み外へ出た。

宿舎前の国道45号は、停電で信号が滅灯して大渋滞が生じていた。その中を縫うように事故処理車両などの緊急車両がけたたましくサイレンを鳴らし、津軽石《つがるいし》方面へ向かって行った。

本署内は人けが無く、各部屋のキャビネットや机は開き、中の書類や資器材等が散乱した状態で、まるで廃墟のようだった。大会議室に入ると、署員はライフジャケットを身につけ、食い入るように窓から見えるリアスハーバーの潮位の変化を見つめていた。

宮古湾は潮の干満が始まっており、次第にその激しさを増し、海底が見え始め、大型ヨ

1｜沿岸地域警察署｜困難極めた被災状況の把握

ットが底を着けて傾いた。

○襲来

至急報を告げるチャイムは鳴り止まない。刻一刻と迫ってくる津波に署員は不安と緊張のために顔を強ばらせていた。

重茂《おもえ》半島北端の閉伊崎《へいざき》付近の海水が異常に盛り上がり、「黒い壁」となって宮古湾の奥へと迫ってくるのが目視できた瞬間、県内系無線では大船渡署員の「津波の襲来を確認」という第1報が流れた。その直後、押し寄せる黒い壁は海底のヘドロを掘り起こすように当署へ迫り、リアスハーバーの灯台付近のケーソンをたやすく壊し、その中で係留ロープの切れた大型ヨットは糸が切れた凧《たこ》のように翻弄《ほんろう》されていた。第1波はヒタヒタと水かさを増して、ほんの数秒のうちに署前の防潮堤を静かに満たした。

そして、引く間もなく、第2波が上から覆いかぶさるように襲って来た。防潮堤を満たしたかと思うと、まるで満タンの風呂水があふれ出るように署の駐車場へと一気に流れ込み、車庫の壁をぶち壊し、駐車車両を次々と浮かび上がらせては次々に衝突させ、そのすさまじい破壊力を見せつけた。

流れ込んだ濁流は庁舎1階を完全に水没させ、漂流するガスボンベからはガスが吹き出した。異臭が立ち込める中、家族を案じて名前を叫ぶ職員。至急報のチャイムだけが鳴っていた。

だが、この現状から「長期戦は確実」と感じ、浸水される前に庁舎内の灯油や暖房器具や布団を4階の道場へかき集めた。さらに自分の携帯電話の契約会社だけが通話可能であることが分かり、家族に無事であることだけでも連絡を取らせようと代わる代わる貸して連絡させ、皆で落ち着こうと声を掛け合い、ひとまず安心させた。

そんな中、避難誘導に出動した数名の署員がなかなか戻らなかった。自分の子供と同年の2人の男の子がおりその可愛らしい顔を頭に浮かべながら「頼む、生きていてくれ」「死ぬんじゃねえぞ」と祈った。

何度も無線で呼び出しても応答はなく、不安だけが募る中、深夜になって泥だらけになりながら、帰署した彼の姿が目に見えた時は、何も語らず強く抱き合った。

深夜から降雪となる中、大通りの飲食店街で火災が発生した。臨場途中、明かりが消えて壊れた真っ黒な街に、白く舞う雪が不安を増した。署に戻り、壊れた1階窓から吹き上げてくる寒風の中を多くの署員は毛布1枚を羽織って身を寄せ、ひたすら寒さに耐えた。

○翌朝は雪景色

翌朝は雪景色だった。前日の喧騒とは全く異なる静寂さで別世界へ来たようであった。しかし現実は待ってはくれない。余震と津波警戒に対する防災無線の中、管内の被災状況の情報収集へ出動した。

瓦礫の山を迂回《うかい》しながら、何とか宮古市の官庁街である築地地区まで来たが、その先は倒壊した瓦礫が行く手を阻んだ。車両で進むことは出来ず、乾き始めたヘドロの混ざった砂ぼこりの舞う中を歩き進んだ。

ある男性がぼうぜんと立っており、被災した家屋の中に案内された。家の中には、祖母に背負われた自分の子供と変わらない年頃の幼児がいた。その冷たくなった、柔らかい小さな手は、お婆ちゃんと離れないようにと言わんばかりで必死になっておんぶひもを握っていた。その状況が非常に虚しく、頬を伝うものがあった。海水を含んだ可愛らしい子供用布団の上にご遺体を乗せ、運んであげることしかできなかった。天をうらんだ。

夕方になって田老《たろう》地区へ向い、田老トンネルを抜けてさらにがくぜんとした。

街が無くなっていた。

「万里の長城」と称して地元住民の自慢であった巨大な防潮堤の一部だけが残り、津波は町の全てをのみ込み、消滅させていた。

○連絡が通じない

「重茂沖に２００体の遺体が浮かんでいる」「山田町織笠《おりかさ》の織笠大橋が崩壊」。情報が錯《さく》綜《そう》し、陸路からの被災状況が瓦礫によって遅々と進まない中、上空からのヘリによる情報収集は非常に助かった。その中で大きな問題が生まれつつあった。

刻々と被災状況の情報量が増す中、頼みの綱である連絡手段が県内系と共通系の2波の警察無線のみでは思うように伝達が出来ず、把握が極めて難しくなってきた。

それでも被災地を管轄する沿岸各署は息つく暇も無く、必死に無線通話を行わなければならなかった。「無線に出ろォ」、「呼んでんだってェ」と、皆がワラにもすがる思いで必死だった。このような状況下から署の運用再編成がなされ、上司から統括班の役割を任された時、「この席に座ったら、覚悟しろよ」と話された。各署員が動いている状況をもれなく把握しなければいけない。意見もあれば不満も出るかもしれない。しかし、我慢して乗り越えなければならなければ、前には進まない。耐えるしかない。

長く部隊運用に携わり、数多くの修羅場をくぐって来たその上司のポジティブな考えやタフな姿勢に感心した。

○最善を尽くす

統括班のメンバーと四六時中、無線機、衛星電話機、メモ紙、ホワイトボードとのにらみ合いが始まった。

現場でヘドロの混じった砂ぼこりの中を必死になって駆け回ったり、かけがえのない家族を失った無念さを察しながら黙々と検視業務を進めたり、遺族と共に涙を流すなど、活動を展開している署員や応援に駆けつけている各隊員のためにも、片時も報告を聞き漏らさず、少しでもスムーズに運用させるという一念だった。

被災地に入った応援部隊は、氷点下の夜間を普通車で車中泊を繰り返しながら検視業務を続けた。窓ガラスの壊れた体育館で外套だけを身にまとい、寒さを耐えしのぎながら、連日の捜索作業に従事してくれた部隊もいた。

まさに想像を超える過酷な状況の中での勤務であった。

その中で飛び込んでくる突発事案。無理を言って対応にあたってくれた当時のメンバーには心から感謝している。退職直前の先輩たちからは「退職を延長させ、以前受け持ちであった地域の避難者把握のボランティアをさせてほしい」と懇願までされた。現場にいたメンバーは、いずれも士気旺盛であり、本当にその姿に心強さを感じ、何度も目頭が熱くなった。

今回の震災では、発生当初から現在に至るまで多くの職員が必死になってその任務に当たってきたが、これほどまでに「警察という力」が動いた事があっただろうかと思い、畏敬の念すら感じる。

犠牲となった市民の方々、そして職員のためにも「絶対に負けられない」という気概を持ち続け、この震災を風化させてはいけないと思う。

それが生き残ったわれわれの使命なのである。

忘れない初任地での経験

鳥畑　拓真（宮古警察署、巡査）

私は人の命を直接救うという今まで夢にも思わなかった体験をし、1人の命を救えたという喜びを感じていました。しかし次の日には次々と発見されるご遺体を見て、自分の無力さ、そして1人の命しか救えなかったという後悔の念にかられました。

私が東日本大震災を経験したのは、初任科課程を終了し初任地の宮古警察署港町交番へ配属され、職場実習が始まって1カ月が経過した時でした。

当時は警察学校で教えられただけでは分からなかった第一線勤務の雰囲気が、少しずつ分かってきたところであり、毎日の勤務をこなすだけで精いっぱいだった私にとって、大震災の中での活動など夢にも思っていませんでした。

震災当日、私は非番で勤務を終えた後、異動者の送別昼食会に参加し、その後官舎に戻って休んでいました。小さな揺れを感じ数日前に続いてまた地震が来たのかと思っていると、次第に揺れが強くなり部屋から飛び出しました。同じ港町交番勤務の先輩から「本署へ行くぞ」と言われ、これはただごとではないと直感し急いで部屋に戻り参集の準備をしたのでした。

私は別の自動車警ら班の先輩の車に乗せられて本署に向かったのですが、信号は停電のため滅灯しており、道路は大渋滞が発生。やっとの思いで本署付近までたどり着いたころにはすでに津波が到達した後でした。

いつも通勤の度に通って見慣れた国道45号は津波のために一般住宅や商店、電柱等が道路に散乱しており、住宅街の方は流れて来た海水がたまって1階あたりまで水没している箇所もありました。

私はこの光景に言葉を失いました。制服を着ているのにもかかわらず、他の地域住民と一緒にただ呆然と立ち尽くすことしか出来なかったのです。

徒歩でもこれ以上本署に近づくことは困難と思い、駅前交番まで引き返そうとした時、地域の人が水没した住宅街の方を指さしているのが見え、その先を見ると漂流していた木材の上に何かが乗っているのが見えました。よく見てみると、流された木材に50歳ぐらいの男性がぐったりとしてつかまっており、いくら大声で呼び掛けても反応はありませんでした。

腰まで水につかりながら助けに向かいました。たどり着いて声を掛けても男性は意識が朦朧《もうろう》としており会話をすることが出来ませんでした。私はそのまま背負って津波の被害が及ばない高い位置にある道路まで運んで行くこととしました。男性は自分の名前も名乗れないほど衰弱していました。所持品を確認したのですが津波で流されたせいか何も所持していません。救急車を呼ぼうにも連絡手段がなく、車で移動できるような場所でもありませんでした。私たちはどうしても助けたいという一心で近くの避難所となっていた宮古市立河南中学校まで背負って向かうこととしたのです。

学校にたどり着くとすでに付近の住民数十人が体育館に避難していました。私たちは負傷者を体育館へと運び、付近の住民の方々に手伝ってもらって応急手当てを施し何とか助けることができました。

この後、私たちは渋滞の発生している交差点で交通整理を行いました。深夜になって宮古署まで車で通れる道があると聞き、本署へ向かうことができました。署の4階会議室に対策本部が作られていました。その時初めて港町交番の中村所長と村上巡査長の2名と連絡がとれていないこと、自分も行方不明者として扱われていたことを知りました。そして少量の非常食を食べ、パイプ椅子で少し仮眠をとり震災初日は終わりました。

私は人の命を直接救うという今まで夢にも思わなかった体験をし、1人の命を救えたという喜びを感じていました。

しかし次の日には変わり果てた自分の受け持ち地区の姿を目の当たりにすることとなり、次々と発見されるご遺体を見て、自分の無力さ、そして1人の命しか救えなかったという後悔の念にかられました。

翌日から始まった遺体の搬送は足場がとても悪く、車両が進入出来ないところがほとんどだったため、毛布を使った人力での作業となり、ご遺体は何倍もの重さに感じられました。

そして初めはただ連絡がとれなかっただけと思っていた港町交番の所長と巡査長とは一向に連絡のとれることもなくただ日にちだけが経ち、数週間してから瓦礫の下から港町交番のパトカーが見つかり、そしてしばらくしてから巡査長のご遺体が見つかったのでした。

2人はどちらも署内異動を控えていたため休暇をとり、その準備中だったということでした。そして震災のためすぐさま本署を出発し、海が近く津波の被害の危険性が高い港町交番の近くへ避難誘導に向かったのです。2人はその後、救急隊の方々と負傷者を救護している最中に津波に襲われたそうです。

たまたま別の日に震災が発生していたら行くのは自分たちだったかもしれない、もう少し早い時間に震災が発生して昼食会に参加していた署員で対応できていたら犠牲者が出ることはなかったかもしれない、といくら後悔しても、震災に「もしも」なんて言葉はないのだと痛感させられました。私は今回のことで多くのことを学ぶことができました。

毎晩夜遅くまでの勤務が続き、誰しもが疲労のピークを感じていた中でも頑張ることができたのは、終礼時に署長をはじめとする幹部職員の方々に「今が一番辛い時期だが、それでも私たちは警察官なのだから弱音を吐くことは出来ない」と檄《げき》を飛ばされ、明日も頑張ろうと思えたからです。

また赴任したばかりで他の署員とあまり話したことがなかった私でしたが、署員の方々と同じご飯を分け、支援物資が届いた時は一緒に喜んだり、疲れた時には励ましあったりと毎日一緒に生活することにより、まるで家族のような感覚を覚えました。

本当の意味で署員が一丸となり頑張ったのだからこそ辛い日々も乗り切れたのでした。

そして電気がまだ復旧していなかったころ、明かり一つなく真っ暗だった街を本署の4階から眺めていると、サイレンと共に県外部隊の車両が車列を組んで赤灯を付けながら走って来る姿が見えてきたのです。

食料も少なく、増え続ける仕事に疲労を感じていた私たちにとって、その明かりは決して1人ではないという安心感と、そして警察という大きな組織のつながりを実感しました。

きっと一般の方々を含め震災を生き残った一人一人に震災の物語があり、私は震災を経験した者としてこの出来事は決して忘れてはいけない事なのだと思います。

私が警察官人生を終えるまで、震災で経験したことや亡くなった同僚2人のこと、私の出発点である港町交番で過ごしたことも、決して忘れることなく自分が選んだ警察官という道を歩んでいこうと決意しております。

「1人でも多く救助する」

鈴木　隆晃（宮古警察署、巡査長）

流される家の屋根に必死にしがみ付く高齢女性の姿があり、今にも津波にのみ込まれそうだった。皆で「今、助けるからな」と女性に励ましの声を掛けるともに、自分自身にも言い聞かせ、気持ちを鼓舞した。

署内異動の内示を受け、山田交番裏の官舎で引っ越し作業中だった。平成23年3月11日午後2時46分、ゴゴゴッという音とともに大きな地震が発生した。これまで経験したことのない縦揺れや、官舎がきしむ音に「ただごとではない」と思い、すぐに山田交番に向かった。

棚から書類が落ち、床には割れた食器が散乱、室内は消灯していた。私が1年間勤務し、慣れ親しんだ普段の交番の姿はなかった。

このとき既に交番前の信号機は滅灯し、一体どれだけの被害が生じるのだろうかと、不安に駆られた。これが私の東日本大震災の始まりであった。

他の交番勤務員も参集したことから、山田町役場での情報収集、防潮堤からの潮位確認とパトカーによる避難誘導、交番内における情報集約の4班に任務分担し、私は先輩とともにパトカーによる避難誘導にあたることとなった。

町内の防災無線では「大津波警報発令」を知らせる広報が流れたため、私たちは急いで巡回連絡簿などを1階から2階に上げた後、各自の任務に従事した。私は私服の上に事故処理コートを羽織り、活動帽をかぶってパトカーに乗り、交番から国道45号沿線を重点に「大津波警報が発令されました。急いで高台に避難してください」と広報を実施した。

しかし前々日の地震の影響からか防潮堤上にとどまり、海の様子を眺める人や写真撮影するなど避難する素振りを見せない人もいた。私は「何とか避難してくれ」との思いを込め、拡声器を通じて精いっぱい叫び続けた。「道の駅やまだ」まで広報を実施し町内に向かって反転したところ、織笠《おりかさ》大橋南側にいた住民が「津波が来た」と叫びながら、慌てて国道を走り上がってきた。

詳細までうかがい知ることは出来なかったが、その危機的状況に「一般車両を町内へ入れるわけにはいかない」と思い、私たちはその場にパトカーを止め交通規制を行った。

停止を求めた運転手は一様に家族の安否を危惧し、「町内に家があるんです」「町中の様子はどうなっているんですか」といった悲痛な思いを口にした。私は何も答えることが出来ず、ただただ「津波で通れません」としか言えなかった。

無線で現況報告をしようにも、沿岸各署からの「津波到達」を知らせる無線がひっきりなしに鳴り響き、無線を送ることとさえ出来なかった。

辺りを見回すと、多くの避難者が集まり始め、「うわーっ、津波が来た」などの叫び声が聞こえた。海の様子を確認すると、南北からの津波が船越半島を襲っていた。南からの津波は瞬く間に船越《ふなこし》公園をのみ込み、北からの津波は防潮堤をあっという間に越え、私の眼前で北と南からの津波がぶつかりあった。

綺麗な山田の海は今や、不気味なほど漆黒の波に変貌し、家屋が倒壊する音、木材がぶつかり合う音が鳴り響いた。半島を襲った津波は、みるみるうちにその勢力を増し、向こう岸に見えていた老人ホームに達するや、ついには建物のすべてを覆い隠してしまった。いったん波が引くと、老人ホームの屋根には数台の車が突き刺さり、建物は大きく損壊。老人ホーム入所者や職員の生存は絶望的に思われた。

その時だった。流出した一般住宅の屋根から「助けて」と救助を求める必死の叫び声が聞こえてきた。私はとっさに「何とかして助けなければ」と思い、パトカーに積載していたトラロープを手にしたが、相勤の先輩は火の手が上がる他の現場に向かっていたため、その場にいる警察官は私１人であった。不安を覚える一方、自分は困っている人を助けたいがために警察官になったという初心が頭をよぎり、「絶対にこの人を助ける」という思いが込み上げた。私はロープを手にし、付近に応援を求めると、一般の男性２名が私のもとに駆け寄り「俺たちも協力します」と言ってくれた。

住民とともに急な崖を駆け下り、声の方向に向かった。そこには流される家の屋根に必死にしがみ付く高齢女性の姿があり、今にも津波にのみ込まれそうだった。皆で「今、助けるからな」と励ましの声を掛けるともに、自分自身にも言い聞かせ、気持ちを鼓舞した。女性にトラロープを投げ届け、腰に巻きつけてもらうように指示した。固く結ばれたことを確認しロープを引っ張ったが波の流れが妨げとなって、女性を引き寄せるのは困難を極めた。それでも声を掛け合い、力を合わせて救出に成功した。

女性は恐怖で青ざめ、体力は著しく低下し一歩も動けない状況だった。安全な場所に移すため急斜面を登ることにしたが、衰弱は激しい。住民と再度協力しながら何とか急斜面を登り切り、避難させることができた。

「もう安心ですよ」と声を掛けると、その女性は疲れきった表情の中にも安堵《あんど》した様子で「ありがとう。怖かった。生きているんですね」などと何度も感謝の言葉を口にした。

女性の目に浮かぶ涙と感謝の言葉に触れ、それまでの疲れが一気に吹き飛ぶと同時に、私は女性を住民に引き継ぎ相勤者が先行した現場に向かった。救助現場から数百メートル進むと、道路が冠水しており、それ以上の進行を阻んだ。相勤者も冠水で足を止められており、私たちは「1人でも多く救助する」という思いで山田町内に戻ろうと、迂回路となる自動車専用道路南口から北進した。

走行する車両内から町内を見下ろすと、JR山田線の線路は流され、家屋は倒壊し、至る所で火災が発生していた。立ち上る高さ約20メートルの火の手と黒煙。戦争映画でも見ているかのような惨状だった。

さらに進むと、自動車専用道路北口付近にある県立山田病院の1階は水没し、病院の屋上には助けを求める人たちが多数取り残されていた。今すぐ救助できる状況ではなく、役場を通じて救助ヘリを要請するしかなかった。

日没が近づく中で、取り残された方の不安な気持ちを少しでも解消したいという思いから、パトカーの回転灯を点灯し拡声器で声を掛けた。

私たちは、船越地区の避難者の人数を把握するため、再び自動車専用道路から火災で真っ赤に燃えている町内を見ながら船越地区に戻り、船越駐在所勤務員と合流した。

避難所となった消防分団屯所や船越公民館では、薄暗い中で大勢の住民が肩を寄せ合いながら座っていた。私たちは避難者一人一人に声を掛け、安否を確認し、次の避難所に向かった。途中、船越漁協が映画のワンシーンのように爆発する様子を目の当たりにし、何も出来ない自分が悔しかった。

震災2日目は、消防分団員と協力し、船越小学校の児童全員の避難誘導に従事した。児童たちは笑顔を振りまいていたが、「中には家族を亡くした児童もいるだろう」と思うと胸が張り裂けそうになった。

地震発生から3日目、荒廃と化した山田町内に戻ってきた。

燃え尽きた町並み、舞い上がる粉じん、焼け焦げた臭いに言葉が出なかった。

交番機能を移設した役場で、交番勤務員全員の無事が確認出来た。防潮堤に行った同僚は避難者と共に波にのまれたが奇跡的に助かった。交番に残っていた先輩は津波を確認し、避難する際に後方から津波が押し寄せ命からがら避難した。そうした話を聞き、改めて津波の怖さに体が震えた。

受け持ちの飯岡、長崎地区は半分が焼失した。倒壊した家の中を、遺族が思い出の写真を1枚でも見つけたいと泣きながら探している姿には涙が止まらなかった。

震災から月日が流れ、国道45号は整備され、街中のがれきは片付き、山田町内にはプレハブの飲食店が建ち並んだ。一見すると復興したようにも思われるが、「また津波がきたら、どうしよう」「今後はどうやって生活していけば良いのだろう」などの被災した方々の言葉に象徴されるように、心の復興はまだ道半ばである。

東日本大震災警備に従事した警察官の1人として、この経験を後世に伝えていくことが、私に課せられた使命の1つであるとの気持ちを胸に、これからの警察官人生を歩んでいきたい。

必死に呼びかけた避難広報

大坊　昌章（岩泉警察署、巡査部長）

「あの日、ここに来てくれた地元のお巡りさんは立派だったよ。津波の直前に広報に来てくれたんだけど、必死さがすごく伝わってきたもの。あのおかげで事の重大さに気がついて、みんなで逃げたんだから」

あの日、私たちは地震直後に警察署を飛び出し、避難広報のため、ある沿岸の集落に来ていた。

しかし、私たちの緊張感とは裏腹に、住民たちは海から十数メートル離れた道路上で、カメラ付きの携帯電話を片手に海を撮影していた。「10メートルの津波が釜石まで来てんだぞ！　写真なんか撮ってんじゃない。すぐに逃げろ！」。パトカーに乗った私たちは、怒りすら覚えながら車載マイクで大声を張り上げ続けた。

そして、住民たちの目の前を通過し海沿いを走る坂道に差し掛かったときに、あの津波が襲って来たのだった。

坂道の頂上は海抜20メートルほど。迫り来る波は明らかにその高さを超えており、考えるより先に体が反応した。

「逃げるぞ」。お互いに顔を見合わせると、乗っていたパトカーを飛び降り、山の斜面を駆け上がった。一瞬ではあったが、正直、「死」を覚悟した。行き着いた先は、偶然にも、津波避難場所に指定されている高台の神社であり、10名ほどのお年寄りたちが避難している場所だった。お年寄りたちは皆一様に黙ったまま、津波に押し流され変わり果てた集落を見つめていた。目の前に広がる光景は、あまりにも変わり果て、別の国にでも来たかのような錯覚を覚えた。

その時、下の方から助けを呼ぶ声が聞こえた。「誰か来てくれー！　生きてるやつがいるぞー！」。「死」を覚悟させた津波の光景が思い出されたが、恐怖を押し殺し海岸線まで下りると、流されたサッパ船の傍らに泥まみれの若い男性が横たわっていた。

その男性は意識も途切れ途切れで、かなり危険な状態であることがすぐに理解できた。その場には、私、消防署員、消防団員が４名ほどおり、聞けばすぐ近くまで救急車が来ているとのことであった。

そこで、近くに流れ着いた戸板を担架代わりに、救急車まで搬送することとなったが、搬送を開始してすぐに愕然《がくぜん》とした。その集落は両側を山に挟まれ、谷状の細長い土地になっていたため、救急車の待機場所までの道が、完全に瓦礫《がれき》に埋もれていたのである。

通常であれば、救急車の待機している場所まで10分程度の道のりだったが、やむを得ず山を迂回《うかい》する形で搬送するしかすべはなかった。いまだ津波の余波が押し寄せる海を背に、瓦礫を越え、山を越え救急車の待機場所に向かっていった。すでに周囲は暗くなっていた。

それから1カ月が過ぎ、捜索活動の疲れもピークに達していた頃、被災現場で活動を続けていた私に、地元のおばあさんが話しかけてきた。「毎日ご苦労さんだね。今度はどこから来たの?」。私を他県からの応援部隊と勘違いしているようであったが、そのまま聞いていた。「あの日、ここに来てくれた地元のお巡りさんは立派だったよ。津波の直前に広報に来てくれたんだけど、必死さがすごく伝わってきたもの。あのおかげで事の重大さに気がついて、みんなで逃げたんだから。その後も私の手を引っ張って避難所まで上げてくれたり、危ない中で生き残った人を運んでくれたお巡りさんもいたんだよ。まんず、これでも飲んで、頑張ってけで」。おばあさんは私に缶コーヒーを手渡すと、浸水で泥だらけになった家に戻っていった。

その背中を見ながら、あの日、多くの人を助けることが出来たうれしさがこみ上げてくると同時に、なぜか自分も救われたような気がした。

がむしゃらに活動した日々

三浦　正和（久慈警察署、警部補）

私の実家も津波に流され、１人暮らしの母親の所在も分からない状態でした。心配しながら勤務していましたが、「なるようになる」と何も考えずに勤務していたように思います。それから約１カ月して、実家まで日帰りしました。

平成23年3月11日。あの日は公休日で、3月15日付人事異動者の送別昼食会が久慈警察署の会議室で行われました。異動のない私は昼食会が終わった後、駐在所へ戻り休養していました。

私は今まで、昭和53年の宮城県沖地震や、平成20年の岩手・宮城内陸地震など震源地直近での地震経験がありましたが、あの日の地震はそれまで経験したことがなかった「強く、そして長く続く」地震でした。「ただ事ではない」と思い、駐在所周辺の被害状況を確認し、本署に一報を入れました。その後はミニパトで海岸線沿いで作業している人や、釣り人等の避難誘導、防潮堤の水門の確認作業等に出動しました。

久慈港の水門を確認。久慈新港で作業員らに避難指示をした後、北限の海女で有名な小袖まで海岸線を行き、水門の確認や作業員の避難指示をし市内に戻って来ました。

市内の海岸沿いの公園付近では消防団員や同僚が、海水の潮位を確認していました。私も一緒にその場所で潮位確認をしていた時に、自分の耳を疑うような無線の内容が受令機から入って来ました。

「大船渡、十数メートルの津波…」。今までせいぜい「1～2メートルの津波…」との情報は聞いた事があるのですが、「十数メートルの津波」は初めて聞く情報でした。その時点では久慈港の潮位はあまり変化がなかったものの、このままいけば久慈地区にもかなり大きな津波が来るものと思い、その場にいた消防団員たちに避難指示をし、さらに市場付近に残っている人たちの避難誘導に従事しました。しかし地域の人、特に漁業関係者は「そんな高い津波なんて来るはずがない」と思っているのか、全く危機感がなく、避難することもなく、作業を続けていました。根気強く説得しながら避難誘導に従事しました。

ところが、5メートルくらいある高さの防潮堤まであと十数メートルの所に来た時でした。防潮堤の上を津波が越えて水しぶきが見える状態を見て、慌てて急ブレーキを踏み、Uターンをして国道45号方向に避難しました。

パトカーのルームミラーから見ると海水が道路に押し寄せ、ドラム缶や浮きなどを流しながら迫って来るのです。パトカーを追ってくる光景はまるで映画の世界のようで、私はどうにか津波にのまれることなく避難しました。

その後の勤務体制は、当番非番の繰り返しの隔番勤務で、避難所警戒、野田村役場の対策室、遺体安置所の徹宵勤務など、今思い返して見ると、ただがむしゃらに活動していたような気がします。と言うのも、私的なことですが、私の実家も津波に流され、1人暮らしの母親の所在も分からない状態でした。心配しながら勤務していましたが、「なるようになる」と何も考えずに勤務していたように思います。

それから約1カ月して、実家まで日帰りしました。実家があった場所に立ち、呆然としました。実家があった場所が、舟や自動車、見たことのない建物などのがれきの山となっており影も形もありませんでした。

幸い母親は腰まで津波に浸かりながらも、どうにか避難することができたとのことで、再会できた時は涙が出て来ました。

しかし、同級生、知り合い、親戚の人たちが帰らぬ人となりました。数々の尊い人たちの犠牲のもと、「自分が生かされている」と思うと私は、警察官として、1人の人間として、今後、悔いのない人生を送りたいと思いました。少しずつ人も町も復興に向け動き始めており、必ず立ち上がることを信じています。今まで何度と津波などの災害の苦難を乗り越えた先人たちの歩みが、それを証明しているから。

1 |沿岸地域警察署| がむしゃらに活動した日々

東日本大震災で殉職された岩手県警察官の方々

（年齢、階級、部署は殉職当時のものです）

高橋 俊一さん

60歳、警視、
大船渡警察署
高田幹部交番所長

陸前高田市内でデモの警備中に地震に遭遇。交番に戻り部下を指揮して地域住民の避難誘導を行った。津波が交番近くに迫ったため、部下に避難するよう指示。自らは「これからが俺の本当の仕事だ」と言い残して交番にとどまり、間もなく襲来した巨大津波に巻き込まれた。

村山 元宏さん

37歳、警部、
釜石警察署生活安全課長

地震直後、出先の大槌交番から大槌町役場に急行し、同様に集合した部下を指揮して地域住民の避難誘導に従事しているところを同僚の遠藤洋巡査部長とともに津波に流された。しかし流されながらも漂流している住民を屋根に救助するなど最後まで職務を全うしようとしたが、「今、流れる屋根の上にいる。濁流にのみ込まれた。命の危険を感じる」との無線通話を最後に殉職した。

山内 拓也さん

38歳、警部補、
釜石警察署刑事第一係長

大槌町内で捜査中に地震に遭い、直ちに大槌町役場に駆けつけ、村山元宏警部の指揮の下、捜査車両で地域住民の避難誘導に従事した。最後まで職務を全うしようとしたが間もなく襲来した巨大津波に巻き込まれ、その職に殉じた。

中村 邦雄さん

54歳、警部補、
宮古警察署港町交番所長

地震後すぐに宮古署に非常参集し、ミニパトで地域住民の避難誘導に当たった。宮古市港町で宮古消防署救急隊員とともに傷病者およびその家族を避難誘導中に、津波に巻き込まれた。

小林 新さん

38歳、警部補、
大船渡警察署
高田幹部交番副所長

陸前高田市内でデモ警備中に地震が発生、直ちに交番に戻り高橋所長の指揮の下、百鳥憂樹巡査とともにミニパトに乗って地域住民の避難誘導に従事。「米崎町から小友町方面で避難誘導にあたる」との無線連絡を最後に津波に巻き込まれた。

金野 泰史さん

54歳、巡査部長、
大船渡警察署
気仙駐在所主任

陸前高田市内でデモの警備中に地震発生。地震による停電で信号機が滅灯したため交差点で交通整理や避難誘導に当たった。最後まで職務を全うしようとしたが、間もなく巨大津波に巻き込まれた。

中津 常幸さん

50歳、巡査部長、
大船渡警察署
矢作駐在所主任

地震を感じてすぐに高田幹部交番に、「駐在所は被害がないので管内の被害状況の把握と避難誘導広報に出動する」と報告をした後、ミニパトで出動。矢作駐在所から東方約3キロにある廻舘橋交差点で大船渡署員に目撃されたのを最後に津波に巻き込まれた。

遠藤　洋さん
28歳、巡査部長、
釜石警察署刑事第二主任

大槌町内で捜査中に地震に遭い、直ちに大槌町役場に赴き、村山元宏警部の指揮で災害に関する情報収集および釜石署との連絡要員として活動した。間もなく一緒に活動していた村山警部とともに津波に巻き込まれた。

村上　洋巳さん
43歳、巡査、
宮古警察署港町交番

地震後すぐに宮古警察署に非常参集し、中村邦雄警部補とともにミニパトで避難誘導に従事。宮古市港町で宮古消防署の救急隊員とともに傷病者とその家族を避難誘導中に巨大津波に巻き込まれた。

佐々木　淳史さん
23歳、巡査、
大船渡警察署自動車警ら班

地震後すぐに最寄りの高田幹部交番に非常参集。大津波警報が発令されたため、高橋所長の指揮で陸前高田市役所付近で地域住民の避難誘導に従事。最後まで職務を行ったが津波に巻き込まれた。

百鳥　憂樹さん
21歳、巡査、
大船渡警察署高田幹部交番

陸前高田市内でデモの警備中に地震に遭遇。高田幹部交番に戻り高橋所長の指揮の下、小林新副所長とともに「米崎町から小友町方面で避難出動にあたる」との無線を最後に間もなく巨大津波に巻き込まれた。

2

災害警備本部

※カッコ内は災害警備本部での任務、震災時の所属部署、階級

埋められない日記の空白

千葉　敬道（救出救助隊／紫波警察署、警部補）

時間的に生存者の発見が厳しい時期であり、捜索の中心はご遺体となったが、脳裏に焼き付いて離れない光景が続いた。瓦礫の中から発見される幼子は、そのほとんどが母親や祖母らしき人によって抱きしめられていた。

3月11日。

日記を見ると、午前中は書類作成をし、昼食は妻の作ってくれた弁当を食べたことがつづられていた。

前日に課の離散会があったことが書かれてある。特別なことのない、いつもの普通な一日だったことが分かる。

ただ、午後は何も書かれていない。

午後2時46分。

「何かとてつもない力に揺さぶられた」。そんな感じだった。地震には慣れたつもりで多少の揺れに驚くことはないと思っていたが、その揺れはただごとではないと思うには十分な強さと長さだった。机の両袖は全部開いてガタガタと不気味な音を立て、否応にも不安をかき立てられる状況の中、揺れの収まるのを待っていたが、その最中に停電となり窓から見える国道の信号機が滅灯した。

警察官として優先すべきことを考えながらも、やはり家族が心配になった。携帯電話で連絡を取ろうとしたが既に通話不能となっていた。

この時間であれば幼い2人の子どもは家に帰ってきているだろうし、妻がいるから大丈夫であろうと考えながらも、ガラスが割れて怪我をしたり、3人でおびえているのではないかと思えば、いやが上にも不安が襲ってくる。

声を聞けば互いに安心するだろうと思ったが、通話不能ではどうしようもない。被害確認などで慌ただしく走り回り、自分だけ家族に連絡していられる状況ではなかった。

胸の内ポケットに入れた携帯電話を気にしながら、この無機質な小箱がどれだけ人の心をつないできたのだろうかと思い知り、小さな機械に依存している自分が情けなく思えた。

地震発生からどれほどの時間が過ぎただろうか。さまざまな思いがよぎり、時間の感覚もないまま管内の現状把握に出動した時、無線から「津波」という言葉が繰り返し流れてきた。

現地から刻々と伝わってくる緊迫した状況。津波に襲われた街を想像し、無線で通話している同僚には「早く安全な場所へ」と祈るような気持ちでつぶやいていた。

人々の身を案じながら、かつて沿岸署で勤務していたときに、幾度となく津波に関しての対応について教養や訓練を受けたことを思い出した。いずれ来るだろうと分かっていながら、心のどこかで大丈夫であろうと高をくくっていた。思えば何の根拠もなかった。

私の勤務した警察署や街はどうなってしまったのか……テレビのニュースで見た外国の津波映像を思い出してみたが、実感はわかないでいた。

3月12日午前零時37分。

私たちが最初に向かったのは宮古市だった。暗く静まりかえった街は冷気に包まれ、潮と何かが混ざり合ったような臭いが漂い、海に近づくにつれて道路わきや川辺に散乱している物体が目につき始めた。まだ海まで距離があり、「なぜこんなところに」というような場所に小さな漁船があって、まさかと思いつつさらに進んだところで思わず絶句した。

車が電柱に刺さっている。めちゃくちゃに壊れた、おそらく家であっただろう木材で道路がふさがれている。見慣れた家庭用品が泥にのまれて周辺を埋め尽くしている。

私は次々と車のライトに浮かび上がる光景に言葉を失い、この中に人がいるかもしれないと目をこらしながら宮古署へたどり着く道を探した。

想像した以上の真実に目を疑いたくなった。内陸にいて感じた不安など、この地で命の危機と闘い、恐怖におびえた人々に比べれば、とても小さいことであったと自分を恥じた。

午前5時08分。

明るくなりはじめて目にした光景はさらに悲惨なものだった。
ただ海だけは静かだったことに何か違和感を感じながら、早朝から交通規制の業務に就き、1日はあっという間に過ぎていった。

午後10時30分。

夕方には任務解除となり、まだ路面が凍結している峠を越え、夜には内陸に戻って来た。内陸の復旧は早く、明かりがついた街に安心し、戻って来られた安堵《あんど》感と、暗闇がもたらす恐ろしさを痛感しながら、たった1日しかいられなかったことに何か申し訳ない気持ちになっていた。

家に帰ると家族は実家に避難しており、誰もいない部屋で1人。これからどうなるのか。明かりのついた暖房のある部屋にいれば「何とかなるさ」と思ってしまう。今この時にも助けを求めている人がいる。家や家族を失った人が何百人、何千人いるのだろう。私は現地に行くことができれば、真っ先に手を挙げようと考えた。

自分は何も失っていないのだ。後日、大切な友人が犠牲になっていることを知るのだが、その時点では私は何も失っていなかった。

3月17日。

地震発生から約1週間後、私は宮古市内の港町にいた。先遣隊として配置された部隊の苦労を聞きながら現状を把握し、捜索隊として連日必死になって応援部隊や消防、自衛隊の方々と瓦礫《がれき》の山を歩いた。部隊運用の関係で現地入りが遅れたが、その分、体力を駆使して捜索にあたった。

3月とはいえまだ小雪がちらつく時期。寒さや土ぼこりの舞う環境の中で、カチカチに固まったおにぎりを食べながらの活動は困難であったが、必死に捜索にあたっている地元の方々や、行方不明者の家族を捜す人々の心情を想えば、「きつい」とか「苦しい」とかは口にはできなかった。なにより、自分には帰れる場所がある。

時間的に生存者の発見が厳しい時期であり、捜索の中心はご遺体となったが、脳裏に焼き付いて離れない光景が続いた。瓦礫の中から発見される幼子は、そのほとんどが母親や祖母らしき人によって抱きしめられていた。

避難できる高台の入り口まであと数十メートルの場所で発見された女の子は、一緒に捜索していた消防団長さんの娘さんだった。「こっちに逃げていたのか。あと少しだったな」。そう語りかけながらいとおしそうに頭をなでる姿を見て、早く見つけてあげられなかった無念さで涙が止まらなかった。みんな、大切な家族を守ろうとしていた。

気づけば隊員が皆、涙でゴーグルを曇らせていた。

4月22日。

被災地に派遣されてちょうど1カ月が過ぎようとしていた頃、万里の長城と呼ばれた防潮堤の上から瓦礫の撤去作業を見守っていたところ、1人の女性とすれ違った。

その頃は朝の作業開始時間に合わせて、防潮堤を往復しながら町の人たちとあいさつを交わすことが日課となっていた。いつものように「おはようございます」と声をかけたところ、その女性は無言で顔を伏せながら私たちの横を通り過ぎて行った。あいさつを返してもらえなかったことよりも、憮然とした態度に何か釈然としないものを感じていたところ、一緒にいた若い隊員が「あの人だ」とその女性について語り出した。

その隊員は震災直後、この町で生存者の捜索にあたっていたところ、大きな余震で津波警報が発令されたので避難誘導に従事したが、その際、先ほどの女性が立ち入り禁止区域内にある家に家族を捜しに行きたいと願い出たとのことであった。

隊員は心情は察するが危険であり、当然のことながらできない旨を告げたところ、その女性は「おまえが行って死ねばいい」と言って立ち去ったという。あまりにもひどいのではないかと思ったが、若い隊員はそれを受け止めていた。「私たちよりあの人の方が苦しいと思います。大丈夫ですよ」と笑顔で話す姿に救われた思いがした。

私たちの仕事は何だろう。決して恨みを買うためにしているわけではない。「相手の身になって考える」これは全ての職務に通じるキーワードだ。今回のそれは非常事態であり、とても重いものだったが、相手の身になれたからこそ受け止められた。押しつけるのではなく受け止める器量が、ポリスマインドを発揮する上で重要なことをこの若い隊員に教えられた。

5月20日。

この日で捜索隊としての出動は最後。今後二度と経験することのない被災地での2カ月間だった。

隊員の中には実家が被災したり、津波の犠牲になった家族、親類がいる者もいたが、不安を口にすることもなく、黙々と捜索にあたる姿には頭の下がる思いがした。

1人の隊員が「今回、自衛隊とか消防の活動はたくさん取り上げられているのに、うちらのは少ないですよね」と言った。それは警察官として当然の活動であり、「評価を気にして仕事した訳じゃないだろう」と上司であれば言うべきであったのかもしれない。しかし私は「そうだな、お疲れさん」とだけ言った。

どこにも吐き出せなかった感情が、緊張感が解けて思わず口をついて出てしまうのも人間だ。出動中の苦労を考えたら、少しぐらいはいいのかなと、理解を求める彼に同意した。本気でそう思っている訳では無いのが分かっていたからだ。あの日の日記は、午後の段落が今も空白のままだ。空白の中には無限の思いが込められ、永遠に忘れられることなく心につづられたままであろう。

追いつかない遺体検視

阿部　哲司
（検視隊／鑑識課、巡査長）

次々運び込まれる遺体に検視が追いつかず、最高時には１３０余体が安置されたままの状態になっていた。この状況は2週間ほども続いていた。

○発災

平成23年3月11日午後2時46分、突然携帯電話から緊急地震速報の警報アラームが鳴り響き、数秒後、地鳴りとともに今まで経験したことのない激しく執拗《しつよう》な揺れが襲ってきた。妻の祖母が亡くなり、葬儀等の準備で陸前高田市広田町の妻の実家を訪れていた時のことであった。

実家は海の直近であり、この尋常ではない揺れであれば津波は必ず来ると考え、揺れが収まるのを待って外に出ると、近隣住民が全員集まっていた。

集落の一番高台に実家があり、同じ集落の人たちが、葬儀準備やご詠歌をささげるため地震発生のだいぶ前から集まっていたことは不幸中の幸いであった。

しかし、同所は海から100メートルも離れておらず、目の前の湾からはどんどん水が引いており、一刻の猶予もないため、更に裏山に避難することとし、腰が抜けて歩けない老人を文字通り引きずって山に避難した。

天候まで悪化し降雪となる中、生まれて初めて見る津波は、徐々に水位が上昇し、想像していた大波が押し寄せてくるのとは違い、「あふれた」という形容の状態で、水面から8メートルの高さの堤防を数分で乗り越えた。

あふれた時の水は、きれいなままであったが、それも最初のうちだけで、やがてどす黒い色となり、眼下の家々を押し流しはじめ、堤防がどこにあるのかも全く分からなくなった。引き潮が始まると、沖に何軒もの家がそのままの形で流され、防波堤は第1波で数百メートルにわたり破壊され、文字通り消滅していることが分かった。

防災サイレン、流出した車のクラクション、家屋が破壊される音、漏れたプロパンガスの臭い、波と余震の地鳴りの音が混じり悪夢のような光景であった。

引き潮では沖合700~800メートル位まで海の底があらわとなり、その後、どす黒い大波が何波も押し寄せ、実家の集落も、実家を残して全て破壊・浸水してしまった。

裏山から、さらに後方の集落へ避難するため移動中、突然雷が鳴り響き、その方向を見ると既に暗くなりつつある空に、ひときわ真っ黒な雲が湧き上がって、その彼方の山際は真っ赤に染まっていた。

何事かと話していると、「気仙沼のコンビナートの方角だ、向こうもやられたんだ」と誰かが叫んだのを聞いた。数十キロ遠方の火災が見えるのであれば、遂に宮城県沖地震が発生したものと思い、同時に鑑識課と歯科医師会合同研修で言われていたとおり、万単位の死者が出たものと考え、戦慄《せんりつ》を禁じ得なかった。

○参集

翌早朝、大船渡警察署に参集するために徒歩で出発したが、道路が至るところで破壊されて海と化していたため、野を越え山を越え、時に車に乗せてもらいながら陸前高田市内にたどり着いてみると、町は何もかもなくなっていた。

あまりの悲惨な光景に悄然として歩いていると、被災して半壊している住宅の庭先に立てられた1本の物干しざおに、日章旗が翻っているのを目にした。旗に泥汚れは付いているものの、「まだまだ負けちゃいねぇぞ」という被災地の無言の意地を見て大いに心が奮い立った。

通行人から高田第一中学校と市立学校給食センターに警察官がいることを教わり、同所に向かった。多数の死者、行方不明者が出ている状態で、死者、行方不明者には警察官も多数含まれていることを知った。

高台にある高田第一中学校から見た内陸側となる矢作方面の光景は、山の後背地であるにもかかわらず、道路も鉄道も田畑も全てが瓦礫で埋め尽くされ、気仙川から遡上《そじょう》した津波によるものと理解するのにしばらく時間がかかった。

その後、通行が可能であった三陸道路を通って大船渡署に参集した。

警察署前の交差点には既に大阪府警の警察官が交通整理をしており、その即応力の高さに驚かされた。

大船渡署に到着しても無線は輻輳《ふくそう》して通話できず、機鑑隊の出動先も不明のため、衛星電話の電話番号等をしながら一夜を明かした。深夜に帰署した部隊から下矢作小学校に機鑑隊が出動していることを教えられ、早朝に同所に出動する部隊の車に便乗することができ、地震発生後2日目にしてようやく機鑑隊に合流できた。

この日から約5カ月間、検視隊としての出動が始まった。

○検視隊

最初に派遣されたのは合流場所と同じ下矢作小学校で、ここから大船渡第一中学校、大船渡市民体育館を巡回し、検視業務に従事した。

下矢作小学校では、1個班5名体制で3個班の検視チームで検視にあたったが、次々運び込まれる遺体に検視が追いつかず、最高時には130余体が安置されたままの状態になっていた。この状況は2週間ほども続いていた。

この間、つけたままのラジオから、福島県の原発が爆発したとの不吉なニュースが流れた。そして、マットや卓球台で作った衝立の向こうからは、身内の亡骸《なきがら》と対面した遺族の絶叫と慟哭《どうこく》が聞こえ、心がえぐられるような毎日であった。

4月下旬ころからは、住田町生涯スポーツセンターで死体指紋採取に従事した。

同所は、大船渡警察署管内の検案済みのご遺体を一括して安置している場所で、500

体に近いご遺体が安置されていた。

発災から1カ月以上経過した段階での指紋採取のため、ドライアイスで凍った手指を自分の手で温めて溶かし、シリコンラバーで採取することを繰り返し行ったが、あの遺体の冷たさは生涯忘れ得ぬだろう。

この時期になると、遺族にも変化が現れ始めた。

当初は家族の生存を祈って、遺体安置所では見つからないことを願っていた様子であったのだが、どんな形でもとにかく見つかって欲しいという焦りの色が見えはじめた気がした。子ども連れで遺体安置所を尋ねて歩くさまは悲しいほど、鬼気迫るものであった。

また、突然の家族の死に動揺したある遺族は、指紋で身元が判明したことに憤慨し、「なぜ警察にお袋の指紋記録があるんだ」と遺族対策班に詰め寄る者、逆に、指紋で身元が判明し、「日本の警察は大したもんだ」と親戚に対してであろうか、大声で身元判明のいきさつを話す者等、さまざまな様子が見られた。

約3週間かけて死体指紋採取を終え、次は遺族DNAの採取のため矢作小学校へ赴き、訪れる遺族から口腔内細胞の採取に従事、終了後、釜石市内の元製材所である紀州造林跡地を利用した検視場所に配置換えとなる。

紀州造林では、新たに発見されるご遺体は少ないものの、検案待ちの遺体があり、腐敗汁が滲出《しんしゅつ》するために、腐敗汁を納体袋から注射器で抜くことが毎日の日課となった。

また、山林に接しているため異常なほどハエ、カの飛来が多く、ハエたたきで格闘すること3~4時間、床面が真黒に変色したが、それでもハエの襲来は止まず、遂には自分の腕が上がらなくなる。この憎たらしいハエは少しでも目を離すと、納体袋のチャック部分にチャックの目が見えないほどの卵を産み付けるのである。

試しに6、7個のドライアイスを納体袋の上に置いてみると、ハエがほとんど寄って来ず、腐敗汁の滲出もほとんどなくなったことから、二重の効果があることを確認した。

10月から通常業務に戻ったが、振り返ってみれば、今次震災で出動した日数約150日、移動距離3万8千キロと、平時では考えられぬ出動日数と走行距離であった。

１日でも早く、１体でも多く

細川　淳（検視隊／機動捜査隊、警視）

ＤＮＡ型検査、歯形はもちろん、身体特徴や着衣、所持品について、より厳密に精査して個人特定し、「１日でも早く、１体でも多く、ご遺族の元に帰そう」を合言葉に、あらゆる可能性を信じ、身元追跡捜査に努めた。

３月11日東日本大震災発生時、機動捜査隊副隊長であり、隊員を被災現地に送りだした後は、後方治安要員として、被災地で火事場泥棒的に横行した窃盗事件、特に被災した銀行ＡＴＭを破壊し現金を窃取する事件や、被災したパチンコ店の両替機や金庫を破壊し現金を窃取する事件等の捜査に当たった。

しかし、日に日に収容される遺体の数が増し、捜査第一課検視官も現地に行きっ放し状態が続いたこと等から、年度末人事異動で「検視官室長」の内示を受けていた私は、異動発令前から震災に関わる検視、震災以外の一般検視に従事することとなった。

被災地における検視の現場では、ライフラインが絶たれ、水も電気もなく、しかも季節はまだ冬という劣悪な環境下であり、遺体の捜索、収容業務はもとより、捜査員の検視業務も、収容されたご遺体の洗浄と着衣の洗浄に時間と労力を奪われる状況が幾日も続いた。検視数も4500体を超え、ご遺体の検視、安置、遺族への引き渡しと順を経ていくものの、身元不明死体の数も増加していった。

震災時における検視では、震災によるものかどうか、検視自体重要であるが、そのご遺体が「遺体番号」から個人として身元特定されご遺族の元に引き渡されるかも重要である。

本震災における身元特定は、顔貌《がんぼう》、身体特徴、着衣や所持品等をご遺族の確認によって引き渡しが完了しているものが大半である。しかし、被災時の損傷や焼損、腐敗状況等によっては個人を容易に識別できないご遺体も多数収容されてくる。

現地検視班においては、所持品や顔写真、身体特徴等の遺体情報を基に避難所等を巡回して聞き込みを続け、身元特定に努めていたが、効率は上がらず、身元不明死体が増加していった。

そのような中、検視班の中に専従の身元追跡班を編制したのは、震災から1カ月以上経過したころであり、班員は警備部機動隊、盛岡東・西警察署、紫波警察署の直轄警ら隊の精鋭と所轄署から検視班として現地に派遣されている刑事たちで構成された。

震災直後、家人等が顔貌のみで確認してご遺体を引き取り、過日別人と判明した事案も発覚したことから、身元特定については、より厳密な要件のもとに特定することとし、遺族引き渡しに関しては検視官の判断のもとに引き渡す手順が確立された。

つまり、顔貌のみでは複数人、たとえ親兄弟の確認でも安易な引き渡しを避ける必要性が出てきた。

身体特徴の手術痕は、高齢者の場合、同様の手術を受け類似するもの、酷似するものがあるので手術痕以外の痣《あざ》、黒子《ほくろ》、その他の特徴はどうか。所持品、携帯品はどうか。発見場所は津波により流されていることを考慮し、死者の生活実態と地理的に矛盾しないか。他に親族や近隣者が同一場所付近で発見されていないか等を吟味。歯型やデンタルチャート等歯科所見はどうか、DNA型検査結果はどうか等を総合的に判断して個人特定に努める方針で取り組んだ。

身元追跡の手法についても、捜査員各々が互いに知恵を出し合い創意工夫を凝らしており、当初有効であったのは、携帯電話を所持している場合、内蔵されているカードにより契約者を判明させ、そこから遺族に当たり、DNA型検査、歯科所見、顔貌・身体特徴・所持品、不明場所と発見場所の地理的事情の考慮により特定していった。

日数の経過による腐敗や、損傷により判別不能なご遺体については、DNA型検査、歯形はもちろん、身体特徴や着衣、所持品について、より厳密に精査して個人特定し、「1日でも早く、1体でも多く、ご遺族の元に帰そう」を合い言葉に、あらゆる可能性を信じ、知恵を絞って身元追跡捜査に努めた。

その中で、数例を紹介すると、1つは、身元不明死体として市町村に引き渡した遺体が火葬されたところ、人工関節と認められる人工骨ようのものが発見され、その骨には固有番号が確認できたことから、地元県立病院へ照会すると共に、人工関節部品の納入業者への聞き込み捜査を進めた結果、業者保管の伝票と病院のカルテとの照合により個人特定に至った事例。

2つ目は、不明者の実姉が数カ所の安置所をめぐり、身体特徴、着衣等から不明となっている実妹ではないかと申告したが、顔貌での確認は不能であり、子もなく両親も死亡していることから特定の決め手がなかったが、不明者の亡き母が、かつて胃の手術をした際の組織片が県内の臨床検査センターに保管されていることが分かり、その組織片と遺体のDNA検査結果により、個人を特定することが出来た事例。

3つ目は、遺体の損傷が激しく半裸状態で漂流し、身元特定の唯一の手がかりがGパンのみであり、そのタグから追跡した結果、隣県某市の専門店での販売、もしくはネット販売しているGパンであることが分かり、販売店に対して当県沿岸地区に販売された顧客について確認したところ、1名が該当し、その家族とのDNA型検査を行い特定した事例。

他にも、遺体の損傷が激しく身元特定が困難な遺体について、行方不明者相談から沿岸部町内に住む女性が浮上したが、その女性は両親も既に他界し親子鑑定が不能であったため、相談に訪れていた女性の友人にDNA型検査による特定について、親子鑑定が出来ない以上、本人由来の資料による特定方法が有効であることを説明したところ、その友人が、

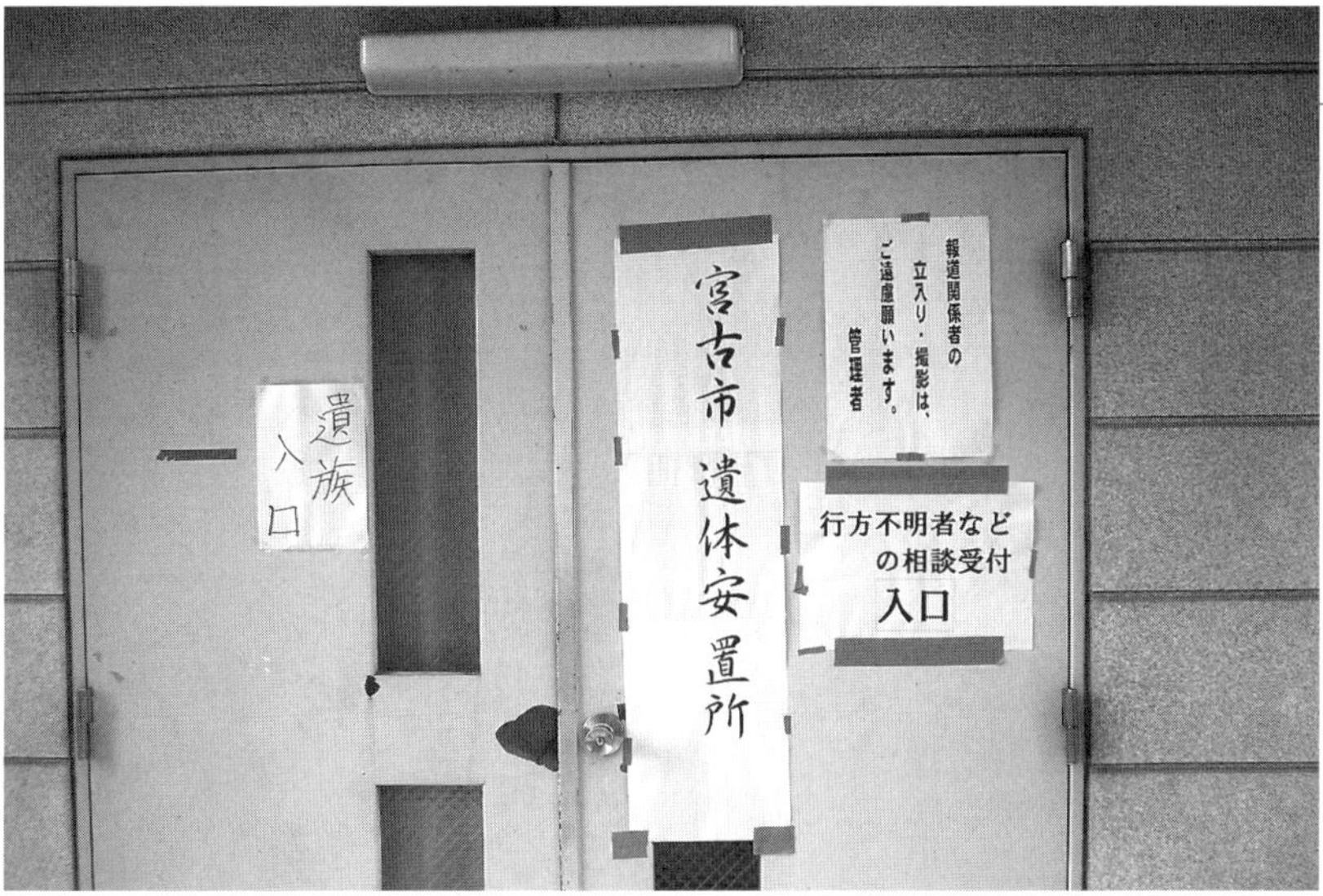

不明者の稼働先個人ロッカー内から、同女性が使用していた笛を稼働先の協力を得て提出したことによって、死者を特定することが出来た事例がある。

　捜査員は、ＤＮＡ型検査結果や歯科所見による身元特定はもとより、あらゆる可能性を信じて創意工夫した捜査を展開して成果を上げており、心から敬意を表するものである。

　震災からまもなく１年５カ月を経過するところであるが、県内の遺体取り扱い状況は平成24年８月１日現在４６７１体収容され、４５８０体のご遺体が身元特定されているが、いまだ90体余が身元不明、１２００余名の方が行方不明となっている。

きれいな状態でお返ししたい

菅原　晋（検視隊／二戸警察署、巡査部長）

その女性は、私たち検視隊が作業をしているところまで来て、「ありがとうございました。お陰できれいな顔の主人と会うことができました」と目に涙をいっぱいにためながら深々とお辞儀をした。

地震発生当時、私は県北署の刑事課に籍を置いていたが、その日のうちに検視隊として、被災署である宮古警察署へ応援派遣されることになった。

明朝8時に宮古市内の体育館に集合との連絡を受けたのだが、盛岡から宮古までの国道は、通行可能か否か判然としなかったことから、震災当日の夕方に装備品と着替えを捜査用車に載せ警察署を出発した。

その日は、盛岡市内で車中泊し、翌朝宮古市に向け出発したのだが、宮古市内に近づくとともに、私の胸はいよいよ高まりを見せた。

2 |災害警備本部| きれいな状態でお返ししたい

宮古市内の体育館に着くと、班長から「宮古署において、宮古署員とともに班編制をして検視してもらう」旨指示され、私たちはいったん宮古署に向かった。

そして私は、宮古署までの道のりの中で、初めて津波の激しさを実感することとなった。海から数キロ離れたJR宮古駅周辺まで土砂が流れ着いており、海側に近づくにつれ、倒壊した家屋、大木が横倒しになっているばかりでなく、地上にあるはずのない釣り船が道路脇に流れ着いている状況であった。まさに、「言葉が出ない」とはこの状況をいうのだと実感した。

宮古署では、班編制と任務分担が行われ、私は、集合場所であった宮古市内の体育館で検視作業に従事することとなった。

体育館に着いて、まず、体育館の床全面にブルーシートを敷いて、検視作業を行うスペース、検視前のご遺体を安置するスペース、検視後のご遺体を安置するスペース等の大まかな位置を決め、検視作業のスペースが身元確認に来たご遺族等から安易に見えないようにするため、体育館にあった卓球台で目張りを作る等して検視作業の準備を進めた。

作業を終えたころ、自衛隊、消防団員等により次々と体育館にご遺体が搬送されてきたのだが、想像以上にご遺体の数が多く、予想していた安置スペースは瞬く間に満員状態となり、それに伴って、3班で検視作業を進めていたのだが、3班の全てがフル稼働の状態で検視作業を行うこととなった。

通常の検視であれば、事件性の有無を第一として、死因の特定、死亡推定時期の特定等を行うが、今回の検視作業については、明らかに不自然なご遺体を除いては、津波による溺死《できし》として死因を特定し、検視の趣旨は、身元の判明と出来る限りきれいな状態で遺族に引き渡すことが第一となっていた。

そのため検視にあたっては、ご遺体の発見状況にもよるが、身元が判明する身分証明書等の発見を第一として、身分証明書等を一切所持していない遺体については、着衣、装飾品の有無、体格、手術痕の有無等の身体特徴について、綿密に確認を行った。

私も検視作業の合間に身元確認に訪れるご遺族等の様子が目に入って来たのだが、身元確認に来たご遺族等は、別人だとわかり安堵する人、安置所を何カ所も回り疲れ切った表情をしている人、また、家族だとわかりその場で泣き崩れる人、さまざまな状況であった。

しかし、身元確認に来られた遺族にご遺体を1体でも多く引き渡すことが私たちに課せられた使命と思い、検視作業に従事する日々が続いた。

そんな中、私の心に今もなお、強く印象に残っていることがある。

そのご遺族が、どのような状況で最愛の家族と離ればなれになったかは、詳細まで私は知らない。

その方は、ご主人を亡くされた方で、ご主人の両親、つまり自分の義理の両親と幼い子どもを連れて、遺体安置所まで足を運んで来られ、本心は「ここで見つからなければいい」という気持ちであったと思うが、その思いに反して、無言の家族との対面を果たすことになった。

義理の両親、幼い子どもたちが、ご遺体にすがり付いて泣き崩れる中、その女性は、言葉を発することなく、体を震わせ、涙を必死にこらえていた。

その女性の気持ちを知ることは出来ないが、私には、女性から、「これからは、自分が家族を引っ張っていかなければならない。ここで泣いていられない」という強い気持ちが伝わってきた。数分後、遺族対策班の警察官から「間違いありませんか」と問いかけられ、「はい」と答え、必要書類を作成した後、ご遺体がご遺族に引き渡された。

普通であれば、その後、ご遺族は体育館を後にするのだが、その方は、私たち検視隊が作業をしているところまで来て、「ありがとうございました。お陰できれいな顔の主人と会うことができました」と目に涙をいっぱいにためながら深々とお辞儀をした。

私は、その女性の気丈な態度と、最愛の人を亡くした状況下でも私たち警察官への感謝の言葉を伝えることができる姿に、胸が熱くなるとともに、身が引き締まった。そして、1体でも多くのご遺体を家族のもとにお返ししたいという思いがより一層強くなった。

「あなたは警察官」

我妻　慎一郎（交通対策隊／盛岡西警察署、巡査）

人から信頼される。震災当夜に流した涙とは違う涙が自然と流れた。自分の選んだ職業が警察官で本当に良かったと思った。そして震災直後に母から届いたメールの「あなたは警察官」という言葉を思い出していた。

3月11日当日、4日後に機動隊への異動が発令される予定であった私は、引っ越しを伴う異動であったため、宿舎で身の回りの準備をしていた。遅い昼食を済ませた午後2時46分、私の携帯電話から身に覚えのない着信音が鳴り響いた。

「こんな着信音にした覚えはない」と思いながら携帯電話の画面を見ようとした時だった。

「地震だ」

地鳴りと共にきた地震は、揺れが収まるどころかますます強くなるばかりで今自分に起きていることがただ事ではないと気づくのに時間はかからなかった。街のあらゆる建物が今にも崩れそうな勢いで揺れていた。現実のことと捉え難く、何をすればいいかも考えられない中、署へ向かうべく無我夢中のまま車に乗り込んだ。

道中、道路にはガラスが散乱し、マンホールからは水が噴き出し、信号は完全に消えていた。いつもの光景がいつもの光景では無くなっていた。わずかな時間で変わり果てた街を走る中、頭に浮かぶのは家族の安否だけであった。

「こっちは大丈夫だから心配しないで。あなたは警察官なんだから頑張りなさい」。母からメールが届いたのは署に着いたすぐ後のことで、あのときのメールがあったからこそ私はこの未曾有の災害に立ち向かい、被災者のために職務を遂行することができたのだと思う。

私が最初に就いた任務は、機能しない信号交差点での交通整理だった。盛岡駅前の不来方橋西方にある交差点は4車線が交わる交差点で、平時から交通量の多いところである。そしてこの時の相勤者は警察学校を卒業したばかりの新任警察官で2人とも実務経験が少なく、私たちだけであの交差点の交通整理をするのかと考えると不安でいっぱいだった。交差点に到着すると、既に渋滞が始まっており、私はすぐに相勤者に指示し、危険解消と円滑な交通路の確保のため、二手に分かれて交通整理を行った。

しかし異常事態の直後で、激しくクラクションを鳴らしたり、急発進したりする車が後を絶たず、さらには次第に天気が崩れ始め、降雪により視認性が悪く、滑走しやすい路面状況に変化していった。混乱、動揺、焦りが渦巻くその交差点は今にでも事故が起こり得る非常に危険な現場となった。

危険と隣り合わせの現場での活動を何時間続けただろうか。気がつけば空は暗くなり始め、辺りは雪で真っ白になり、自分にも雪が降り積もっていた。

世の中はどうなっているのだろう、いつまでこの任務が続くのだろうか、署ではこの任務を把握しているのか。時間がたつにつれて任務への疑問、不満が浮かび始め、次第にそれが頭の中を占めていく。

そんな中、再び自分を任務に集中させたのは、後輩が必死に停止棒を振り、声を出し続けている姿と、雪に濡れた誇り高き制服だった。

「俺は警察官なんだ」

運転手の中には、交通整理なんていらないとか、今は交通ルールなんて守っていられないなどと思った人がいただろう。しかし私は個人の生命、身体および財産の保護と公共の安全と秩序の維持という崇高な責務を任された警察官である。現場の危険を解消するのが今の自分の任務であり、この交差点は自分の現場である。自分の現場に危険がある限り任務は続く。そう強い気持ちで交通整理に従事し、危険解消という任務を全うしたころには、辺りは真っ暗になっていた。

震災の翌日、私は田野畑村にいた。前日の夜は震災のニュースを見て被災現場の状況を知り、何も出来ない自分が歯がゆく、悔しく、ただただ涙を流していた。

田野畑村での任務は震災の影響で通行が困難になった道路の交通規制であった。私は被災地で直接人命救助に当たり、1人でも多く救出したいと願ったが、与えられた任務は別のもの。正直葛藤はあったが、自分に与えられた任務を全力で全うすることが、今、被災者のために自分が出来ることだと心を切り替えて任務にあたった。

規制の先には被災地があり、家族を心配して被災地に向かおうとする多くの車があった。目に涙を浮かべながら、「どうしても家族の元へ行きたいんです」と、通行許可を求められたが、先には危険があり通すわけにはいかないのだと、相手の納得いくまで説明を続けた。

心苦しかった。自分の家族が同様の状況であれば、私も自分の命をも顧みず被災地に向かおうとするだろう。説明を繰り返す度に自分の心がはち切れそうになった。

交通規制は24時間体制で、勤務員4名で交代を繰り返しながら行った。つらい心境と睡眠不足の中、私に力をくれたのが、田野畑村の消防団長をはじめとした地元の方々の温かい支援であった。

「ご苦労様です、がんばってください」とおにぎりを差し入れしてくれる。「何か困ったことがあればいつでも言ってくださいね」と声をかけてくる。自分たちが守っていると思っていた人たちに、実は自分たちの方が支えられていたのだと気付かされた。

人から信頼される。震災当夜に流した涙とは違う涙が自然と流れた。自分の選んだ職業が警察官で本当に良かったと思った。そして震災直後に母から届いたメールの「あなたは警察官」という言葉を思い出していた。

着任時の指示が現実に

福島　学（交通対策隊／交通機動隊、巡査部長）

自動車専用道で山火事が発生し、私がその通行止めに従事することになった。最初は穏やかに待ってくれていたが長時間の通行止めで、ついに我慢できなくなった者から罵声が浴びせられた。これ以上犠牲者は出したくないんだという気持ちで必死だった。

私が交通機動隊沿岸部分駐隊に赴任したのは、平成21年の春のことであった。沿岸分駐隊は釜石警察署内の海側に隣接して建てられており、目と鼻の先には釜石湾が広がっている。おそらく県内で一番海に隣接して建てられている警察施設であろう。

事務所に入り、机の上を見たところ引継書とともに一冊の本が置かれていた。本のタイトルは「三陸海岸大津波・吉村昭著」というものであった。分駐隊長に目をやると「まず、この本を読め。津波が来たら、とにかく逃げろ。我々の活動は津波が収まった後に始まるのだから。それまで我々は生き延びなければならない」と一言。分駐隊長の最初の指示はこれであった。

普段本など読まない自分であったが分駐隊長の指示とあらばと本を開いたところ、その

2 ｜災害警備本部｜ 着任時の指示が現実に

内容の凄まじさにあっという間に読み終えていた。この本は、明治29年と昭和8年に三陸海岸を襲った大津波の記録であり、作者が現地を歩き、生き証人を訪ね、それらを丹念に調べ上げたものである。その中には当時の警察の活動にも触れられており交通網や連絡網が今と比べものにならない中、数日間かけ被災地に入り、情報収集や救助捜索活動に当たったとの記述から、先人の苦労が忍ばれた。読むほどに津波の恐ろしさ悲惨さを思い知らされた。

その半面、想像を絶する被害や標高120メートルの高台まで津波が到達したとの記述は、どこか絵空事か夢物語のような気がして大津波は遠い過去の事、たとえあったとしても、はるか未来の事と感じている自分がいた。

しかし、その日は想像以上に早く現実のものとなり、その日を迎えた。

3月11日、異動を数日後に控えた私は、同僚とともに辞令交付を終え、釜石市に帰る途中の覆面パトカーの車中にいた。突然、今まで経験したことのない激しい揺れに、ただ事ではないと感じた我々は帰路をとにかく急ぐことにした。

途中、途切れ途切れの無線から、「新仙人道路の橋が崩落。通行止めに向かえ」との通話を傍受したことから、我々の最初の任務は、今後の救援活動の生命線となるであろう旧仙人道路の安全確認であると悟った。

さらに無線機からは、「陸前高田に津波来襲。市内は壊滅状態」「釜石に津波来襲、沿岸分駐は水没。釜石署は2階まで水没」との信じられない無線が飛び交った。果たして、同僚は、家族は無事なのか不安が頭をよぎった。

　幸いなことに旧仙人道路やトンネルには目立った損壊はなく、通行可能であった。これで、県内や全国で招集されているであろう応援部隊を迎えることが出来ると安堵し、この情報を一刻でも早くと無線を取った。

　しかし、何度試しても無線は通じず当然携帯電話も不通であったことからこの情報は県下に伝わることはなかった。停電が原因なのか、基地局が倒壊したのか原因は知る由もなかったが、文明の利器も大災害の前では無力であることを痛感した。

　釜石市に到着したのは、地震発生から2時間後の日が沈みかかったころであった。市内は、滅灯した信号の前で渋滞する車両と沿道にぼうぜんと立ちつくす人々以外はいつもと変わらない光景であった。

　本当に津波が来たのか、夢ではないのか、と思いながら先を進んだが、釜石駅前で市内の形相は一変した。見慣れた釜石駅は津波で半壊し、ベコベコに押しつぶされた車が幾重にも積み重なっており、我々の行く手を阻んでいた。そこで交通整理をしていた署員から聞いたところ、半数以上の署員と連絡が取れていない、署にも多くの署員が取り残されている、数人の署員が津波に流された、とのことであった。

　それでも少しでも先にという思いから、新日鐵釜石の敷地を迂回《うかい》し、同社の南門まで進んだが、そこの光景を見て、絶望感におそわれた。国道は分厚い泥が積もり、その上には車や家屋の瓦礫、電柱等が幾重にも積み重なり、全く先が見えない状態だった。署まであと数百メートルというのに僅か10メートルも先に進めない状態なのだ。

呆然と立ちすくんでいると、辺りはすっかり暗くなっており、そのころになると、今日の一切の活動は打ち切りせよとの指示が伝えられた。おそらく、視界にある車の中には遺体があるだろう。救助を待っている人もいるかもしれない。3月になったとはいえ夜はまだまだ冷え込む。救助の遅れが死につながる。正直、活動の打ち切りは早いんじゃないかと思ったが、今の服装は常装に短靴。装備は全て事務所と共に流され無線機もない。自分の置かれた状況を考えると、これ以上の捜索活動は無理であった。後ろめたい感覚と、自分の無力を感じながらこの場を後にするしかなかった。

小佐野交番に集合したところ、他の分駐隊員と合流し、その無事が確認できた。しかし分駐隊事務所は津波で水没し、白バイや捜索用のトライアルバイク、その他の装備も全て流出したとのことであった。

夜になり、応援部隊や、途方に暮れた市民が訪れ、小佐野交番はごった返していた。その対応はいつまでも終わることなく最初の夜は更けていった。

次の日からの当隊の活動は、交通整理とトライアルバイクでの迂回路の確認確保が主な任務となっていた。幸いにも釜石市は鵜住居《うのすまい》町までの自動車専用道が開通しており、道路は確保されていた。そこは、車、自転車、歩行者が入り乱れ、さらにはガードレールにロープが掛けられ、そこを上り下りする者まで現れ、たくましささえ感じた。

数日後、この自動車専用道で山火事が発生し、私がその通行止めに従事することになった。最初は穏やかに待ってくれていたが長時間の通行止めで、ついに我慢できなくなった者から罵声が浴びせられた。「家族に会いに来たんだ。自己責任で通らせろ。血も涙もないのか」と。これをきっかけに辺りにいた者も騒ぎ始める。先ほどまで親しげに話しかけていたマスコミも手の平を返すかのようにこの様子をカメラに収め始める。私は「俺の家族だって行方が分からないんだ」という言葉を押し殺し説得に当たった。とにかくこれ以上犠牲者は出したくないんだという気持ちで必死だった。

このような活動を続け震災から1週間後、沿岸分駐隊員は本隊に引き上げとなり、活動の場を本隊に移すことになった。まるで途中で仕事を放棄するようで、釜石署員には本当に申し訳ないという気持ちで釜石市を後にした。

その後は、本隊において主に他県部隊を被災地まで先導するという業務に従事した。先導は、朝は早く出動し、帰隊は深夜に及ぶこともあり、それなりに大変な業務であった。しかし、本当に苦労しているのは、被災地でご遺体の捜索や検視に携わり、被災者と直接対応している現地の者であると心の底から思っていた。また、釜石から途中で抜け出した後ろめたさも加わり、被災地の警察官に対してはいつも申し訳ないという気持ちで業務に従事していた。

その間は虚脱感におそわれ、本当に覇気のない時を送っていたと思う。

そんな時、こんな事ではいけないと考えさせられる出来事があった。

交通機動隊の次の任務として「新入生見守り隊」というものが計画されていた。これは沿岸地域の小学生の登下校を白バイ隊員が見守り、通学路や校門で声を掛けるという内容のものであった。こんな活動が果たして役に立つのかと後ろ向きな考えで、私も某署管内の小学校の配置についた。

校門には、生徒を出迎える先生方がいたことから、こちらからあいさつしたところ、その反応は鈍く、明らかに迷惑そうな表情が返ってきた。その元気のない表情に自分と同じものを感じた。

さらに、登校してくる児童や同伴の保護者にあいさつしても同様な反応で、虚ろな表情で通り過ぎていくばかりであった。こんな感じで初日が終わり、この活動にも否定的な考えが芽生え始めていた。

活動2日目、今度は別の小学校に配置となった。こちらも校門で先生方が児童を出迎えていたが、この小学校は前日の先生方と雰囲気が全く違っていた。特に際立っていたのは校長先生で、こちらが恥ずかしくなるくらいの大声と身振り手振りで、生徒に声を掛け、出迎えていた。それに触発されてか、他の先生方も明るく活気に満ちあふれている。保護者の方々は「遠くからご苦労様だね」と声を掛けてくれる。そして、活動の本命である児童も元気にあいさつを返してくれ、白バイに乗りたいとせがむ子どもさえいた。

この雰囲気の違いはなんだろう。ここの大人たちはつらい状況の中、たとえカラ元気でもいいから明るく児童たちと接しているのだろう。そして校長先生から「今日は来てくれてありがとう。児童も喜んでます」と一言。「いえいえ感謝するのはこちらの方です」と。

2011年3月30日、釜石市

校長先生の元気は、子どもやその保護者に元気を与え、仕事に対する誇りを失いかけた警察官にも元気を分けてくれた。おかげで、私はその後の業務は誇りと達成感を持って従事することが出来るようになった。

私の震災時の活動は約3カ月で終了し、結局、被災地に入っての業務はほとんどなかった。しかし、自分のやってきた活動は、微力ながらも被災地復興のためになったと思っている。そう思わせてくれた、あの校長先生との出会いに本当に感謝している。

泣けなかった女性

高橋　美奈子（被災者サポート隊＝通称・イーハトーブ隊／交通企画課、巡査部長）

「たぶん人は後悔があるから新たな考え方ができるようになるのだとも思います。今はいっぱい泣きましょう。でも、自分を責めることだけはしないで下さい」

その女性は、避難所となった小学校の教室の片隅で１人静かに膝を抱いていました。ただ一点を見つめたまま。

平成23年３月11日東日本大震災による被災者支援のため、イーハトーブ隊の一員として出動しました。各地に甚大な傷跡を残し、今なお人々の心に消えることのない大きな悲しみをもたらしたその地に３月16日、向かったのです。

言葉で表現するには、自分は言葉を知らなすぎることを痛感しました。どう表現したらこの状況、惨状を理解してもらうことができるのか……。言葉を失ったのです。

被災者の支援、私たちは来てもよかったのか、必要とされているのか。私たちが泣いてはいけないと思いました。

出動初日、どこに避難所があるのか見当もつきませんでしたが、おそらく避難所になっているだろうというところを訪ねることにしました。その最初の避難所に彼女はいました。気持ちを傷つけずに声を掛けるにはどうしたらよいかと思い悩みながら扉を開けた私の目に、彼女の真っ直ぐな視線が飛び込んできました。と私は思ってしまったのですが、彼女の視線は私を通り越し、別の物を見ていたのです。

声を掛けた私にびっくりした彼女に対し、訪問の趣旨を伝えると、「私は大丈夫です。本当に大丈夫です。皆さんのところにどうぞ行ってあげて下さい」というのです。私は、他の隊員もきているので、まずあなたからというふうに伝えましたが、彼女の重い口はなかなか開かず、うつむいた姿勢のままでした。

そこで、私たちがここに来たことについて迷惑に感じていますか、と問うと、ゆっくり顔をあげて、「私は、母を見殺しにしました。あれから毎日毎日自分を責めています。なぜあの時私は、母の手を離してしまったのか。『あなただけは生きなさい』と言って無理に私を押した母の手をなぜもっとしっかり握っていなかったのか。あの光景が常に浮かんできては、なんとか母を助けることができたのではないか悔やんでいるのです。他の皆さんも同じような被害に遭われているのに一生懸命頑張って生きてる。私は……」と膝に掛けていた毛布をきつく握りしめ肩を震わせるのです。

津波が来た時、彼女は母親と自宅に居り、まさかこんな大惨事となることなど思ってもいなかったので、逃げなければと立ち上がったときには、もう波がそこまできていたのです。玄関を開けた瞬間黒い波が母娘を襲い、先に玄関に出ていた娘は必死に母の手をつかもうと手を伸ばしましたが、母親は娘を押して「早く逃げなさい、早く」と叫び、波にのみ込まれてしまったのです。その後、彼女も波にのまれましたがなんとか岸に打ち上げられ助かりました。振り返ったその情景は地獄絵図だったと言います。

彼女はその日から泣くことができなかったのです。毎日母親の消息を尋ね歩きながら、あの時手を離さなければ、もっと早く避難していれば……。後悔が彼女を苦しめ、毎日毎日自分を責め、生きている自分を責めて、また翌日を迎えるといった状況で、震災から何日たったのかもわからなくなっていました。あの当時はほとんどの方がそういった状況であったと思います。

私は、話を聞きながら涙を流していました。胸をぎゅっとつかまれ、のどがしめあげられるような苦しさを覚えています。苦しんでいるこの人を救うことができない、何もできない自分が情けなく、申し訳ない気持ちが支配していましたが、ふと、私は自分の母親のことが浮かび、自然に話していました。

私の母親は私が仕事に出かけている間に突然倒れ、帰宅した私が救急搬送しましたが、その夜亡くなりました。倒れる兆候はあったはずなのにと母の死後12年たった今でも自分を責め後悔していました。

自分を責め続けている彼女に友人から言われた言葉を伝えました。私が母の死について責任を感じていることに気付いた友人からの言葉です。

「親の愛は無償である。何の見返りも求めてはいない、ただ我が子の行く末にあまり多くの困難がないよう、健康で元気で生きていって欲しい。誰のためでもない自分のために」。彼女は声を殺して泣き始めました。私は彼女が泣けてよかったと思い、いっぱい泣いて下さい、と声を掛けました。

そして、自分の考えとして「母親の死について、私たちは、一生忘れることのない後悔の中で生きていかなければならないと思います。でも、それはあたりまえのことです。それは、毎年思い出して二度と同じ後悔をしないよう生きていくためです。たぶん人は後悔があるから新たな考え方ができるようになるのだとも思います。今はいっぱい泣きましょう。でも、自分を責めることだけはしないで下さい。今回の大災害は、誰であってもどうにもならなかったことなのです」と。なんだか自分に言い聞かせるように話していました。また余計なことを言ってしまったかもしれないとも思いましたが、「あなたのお名前はなんとおっしゃるのですか。あなたに会えたこと一生忘れません。ありがとうございました」と泣きながら笑ってくれました。

1時間にも満たない私との会話で彼女が救われたなどとは絶対に思いません。そんな思い上がった気持ちは少しもありませんでしたが、ただ彼女があの日から泣くことができず、自分の中に閉じ込めていたもろもろの想いを爆発させたこと、泣くことができたことは心からよかったと思います。これから生きていくなかでどれほどの涙が流されるのかと思うとつらい気持ちになりますが、泣くことで少し楽になることを彼女にわかって欲しかった

2011年3月30日、イーハトーブ隊の活動（釜石小学校）

のです。

今回の東日本大震災は、誰の心にも大きな傷跡を残しました。そして不安定な状況のままで1年が過ぎています。この不安が完全に払拭されることはないと思います。

その中で私たちはこれからも警察官という立場で、被害者支援活動に携わることもあると思いますが、いつでもその人の立場にたって心ある支援活動をしていくことができれば、と強く心に誓いました。

相手を思いやる心

野田　静一（被災者サポート隊／少年課、警部）

被災者からの質問に対しては、丁寧な言葉遣いで真摯な回答をしており、それを見て災害対応で最も必要なことは相手を思いやる心だと感じました。

○イーハトーブ隊の任務・活動状況

イーハトーブ隊（被災者サポート隊の愛称）は、女性警察官と少数の男性警察官で構成され、主として避難所を回って被災者の声に耳を傾け、被災者の心のケアを行うことを任務とする部隊でした。

毎朝当県部隊は、県外部隊と警察学校で落ち合い、1班8名の混成部隊を3班作り、午前9時に出発してそれぞれ宮古、釜石、大船渡の任務地に向かいます。現地に着いて、午前中に避難所を何とか1カ所回り、午後は3時半ころまで避難所を巡って活動をし、また盛岡に戻るという行程でした。

○避難所での活動

避難所にいる皆さんは、絶望、やり場のない悲しみ、怒り、将来への不安、避難所生活によるストレス等言葉では言い表せない苦しみを抱えており、そのような中に入っていって声をかけて回ることは、非常に勇気のいることでした。

避難所に入る際には、その場所の責任者から許可をもらうのですが、その段階で入らないでくれと断られることもありましたし、中に入れてもらっても、私たちの訪問に対して嫌な顔や迷惑そうな顔をしたり、背を向けたりする方も多くおられました。

しかし、立場を変えて考えてみればそれも当然だなと思いました。

なぜなら、私たちに出来ることは、被災者の皆さんの言葉に耳を傾けることくらいで、支援物資を持って行くわけでも、皆さんが抱えている大きな問題の根本的な解決が出来るわけでもないからです。

それでも、少しでも皆さんの役に立ちたいと思いながら活動するわけですが、避難所を回るたびに、被災者の皆さんに対して何もしてあげられない自分たちの力のなさを思い知らされ、もどかしさだけが募りました。

避難所には、精神科医や臨床心理士、市役所の保健師等専門職の方も支援に入っておりましたので、本当に自分たちの活動に意味はあるのか、被災者から見れば邪魔なだけなのではないかと悩みながらも、避難所に通い続けました。

最初のころは、多くの方から自分の震災体験について聞かせていただきました。「地震の後、岸壁に海を見に行き、津波から逃げる途中に波にのまれ、それでも何とか水面に浮かび上がり、山の斜面の木につかまって助かった」という人や、「地震の時に鵜住居の防災センター付近にいて、センターに逃げようか山に逃げようか迷ったが、山に走って間一髪津波から逃れた。センターでは、何十人も亡くなった」という人など多くの方が生々しい体験を熱く語って下さいました。次から次へと想像を絶する体験を聞かされ、ただただ圧倒されるばかりでした。

それが1カ月、2カ月と過ぎていくうちに、避難所で生活されている方も避難所も徐々に少なくなり、憑《つ》かれたように体験談を語っていた人たちも次第に心の落ち着きを取り戻していかれたようで、話の中に時々笑顔も見られるようになっていったと思います。

あるご婦人が、「家は無くなりましたが、体があるから大丈夫です。物は最初から無かったと思えばいいもの」と話されたのですが、その声、表情等から、その方が決して強がりを言っているのではなく、本当に心からそう思える境地に達していることが感じられ、非常に感銘を受けたことを覚えています。津波の被害に遭ったばかりで、そのようなことを話され、本当に強い方だと思いました。

○派遣部隊のこと

12日周期で派遣される各県からの部隊と共に活動をさせていただきました。派遣部隊には、「ハマナス隊」「雪椿隊」など県によって花の名前等を部隊名としていて、女性の特性を生かした活動をする部隊であることを表すネーミングになっていることに感心させられました。

その中で特に心に残ったのは、過去に被災したことのある道県からの派遣部隊の心遣い

2｜災害警備本部｜相手を思いやる心

でした。被災地活動をした経験から被災県の苦労が分かっているのだと思われますが、言葉の端々にいたわりの心遣いが感じられました。

例えば、派遣部隊には12日間の派遣期間のうちに2日間の休みがあるのですが、「自分たちは帰れば休めるので、ここでは休まなくていいですから、岩手県の皆さんが休んでください」といった言葉をかけられたことがありました。そのような気持ち、姿勢が被災者と接するときにも表れていて、被災者からの質問に対しては、丁寧な言葉遣いで真摯《しんし》な回答をしており、それを見て災害対応で最も必要なことは相手を思いやる心だと感じました。

県外からの派遣部隊は、短期間の活動でしたが、本県イーハトーブ隊の若い女性警察官は、長期間にわたり避難所を回って被災者に接する活動をしています。とても苦労をしたことと思います。しかし、その分より多くのことを得たと思います。

今回のような災害がどこかでまた発生し災害対応活動に従事する際には、きっと優しい心遣いにあふれた活動が出来ることと思います。

音楽の力で元気届けたい

及川　一裕（広報隊／県民課、警部補）

「慰めの言葉はいらないから、嫌な思い出を音楽で忘れさせてほしい」。被災地で演奏することで傷ついた人たちを慰めようと、県警の音楽隊は県内被災地を巡った。聴く者に元気と勇気を与える「音楽の力」を信じて。

発災から数日後に被災地での記録活動にあたりました。これまで県警の音楽隊員として、沿岸部を含め県内のほとんどの地域に派遣出動していた私は、集落が壊滅し、観光船がビルの屋上にあたかもモニュメントのごとく置かれ、街全体が瓦礫《がれき》の山と化した被災地の変貌に、信じがたい思いで胸が苦しくなりました。

私たちの演奏に合わせて大きな声で歌って踊っていた子どもたち、手拍子をしながら目を細めてくれたおじいちゃん、おばあちゃん…。跡形もなく津波に巻き込まれてしまった会場などなど…。これまでのたくさんの思い出や出会いが一瞬にして消え去り、本当に悔しい思いでいっぱいでした。

そんな中、避難場所となっていた広場で自衛隊音楽隊が演奏をしている場面に遭遇したのです。何事もなかったかのように手拍子をしたり、楽器に触れたりして隊員とふれあっている子どもたち。その表情が本当に穏やかに見えたとき、「音楽にはやっぱり力がある」と、改めて認識しました。そして同時に「私たち警察音楽隊も早くこの場に来て被災者の方々に元気を与えたい」との思いが強くなりました。

発災から2カ月近くたったころ、負傷者の搬送業務補助に従事していた隊員から、「負傷者に同伴していた医師から『警察の音楽隊はどうして被災地に来て演奏しないんだ。被災した心を音楽で癒やしてほしい。音楽には力がある』と言われた」と伝えられました。

実はその頃、警視庁音楽隊をはじめとする全国の音楽隊から「ぜひ被災者の方々に音楽を」と演奏支援の打診を受けていたのですが、自らが被災し家族を失いながらも黙々と捜索に当たっている同僚の姿を思うと「それでいいのか」と葛藤していた時だったのです。

しかし、この医師の言葉で吹っ切れ「被災者の不安感を和らげ、安全安心を音楽で届けたい」という思いを訴え、5月初旬に警視庁音楽隊と当隊から5人の隊員によって米崎小学校避難所と赤浜小学校避難所を慰問することが出来ました。

会場は避難者の居住スペースの片隅で、短い時間の演奏ではありましたが、「待ってましたよ」「たくさんのパワーをもらいました」などの感謝の言葉をいただき、逆にこちらが元気をもらうほどでした。

当初、被災された方々に何と声を掛けたらよいものかと考え、「頑張ってください」「大変ですね」など思い当たる言葉を探していたのです。しかし実際に会場で触れあった方々からは、「慰めの言葉はいらないから、嫌な思い出を音楽で忘れさせてほしい」「音楽を聴いていると安心する」など、思いもよらない言葉が返ってきたのです。私は、「頑張ってください」と言葉を掛けることで被災者の方々への慰めと思っていたことの過ちを諭された思いがしました。

「音楽には勇気と元気を与える力がある」という思いと、「県民と警察の音の架け橋」としての使命を胸に、当県音楽隊員全員で被災地6カ所での慰問演奏を実施。被災者からは「家も命も全て失い気持ちが落ち込んでいたが、演奏を聴いて生きる力をもらった」「勇気と元気がわいてきた」との感謝の言葉が寄せられ、演奏中には目頭を押さえる被災者の方々を前にし、涙で楽譜がかすんでいた隊員もいました。

「音楽の力」。私は、3月11日という未曾有の災害をもたらした日を決して忘れることはありません。同時に、全てを失った悲しみや絶望感を、音楽によって少しの時間でも忘れさせることができたことに、その使命を痛感しています。

終わりに、岩手県民に「勇気と元気」を与えていただいた警視庁音楽隊、埼玉県警察音楽隊、青森県警察音楽隊そして秋田県警察音楽隊のみなさんに感謝いたしますとともに、演奏を通じていただいた多くの「絆」を大切にしていきたいと思います。

「生命線」無線中継所を守れ

氏原　靖典（通信隊／機動通信課、技官）

発災時、唯一の通信手段だった無線中継所。警察業務の生命線として何としても途絶えさせる訳にはいかない重要な施設だった。

携帯からの聞き慣れぬアラームとともに大きな揺れが襲ってきました。地震による津波は想定されましたが、これほど甚大な被害になるとは誰も予想していなかったのではないでしょうか。

実際に被害の状況を目の当たりにするのは深夜遅くに大船渡市内に入ってからでした。灯りがない真っ暗な国道45号を南下。大船渡警察署を過ぎ、しばらく進むと真っすぐなはずの道路を家屋がふさいでいます。暗がりで辺りの様子がはっきりしませんでしたが、車を降り見渡すと、津波のすさまじい威力に言葉がでませんでした。気を取り直し、自動車専用道路で陸前高田方面を目指し、なんとか通岡峠《かよおか》に到着。衛星回線による映像伝送の準備をして、朝まで待機となりました。

作業場所の駐車場には、道路封鎖のため行き場所を失った車両が駐車していました。その中の1台に若い男女がおり、その女性が陸前高田市内の家に帰りたいが、いつ封鎖が解除されるのか尋ねてきました。長時間の車内待機と家族の安否を案ずる心労からか、疲れ切った表情で目には涙を浮かべていたのです。情報では陸前高田市内はほぼ壊滅状態と聞いており、道路封鎖の解除はしばらく無理だろうと感じていました。

あまりにも憔悴《しょうすい》しきっているので、道路封鎖解除の情報は入っていないことのみを伝え、大船渡市内の避難場所で休むことを勧めました。しかし、どうしても陸前高田市内に行きたいとのことで、駐車場にしばらく待機すると言われました。駐車場に待機中、何度か同じことを尋ねられましたが、その度に心が痛みました。

空も明るくなり、警視庁ヘリの映像伝送の時間となりましたが、本部側で捕捉することになり、私たちは地上からの映像伝送をすることになりました。まず陸前高田市内に向け45号を南下しましたが、そこには普段見慣れた風景は無く、ほとんど更地のような風景が見えてきました。車が進入できるぎりぎりまで映像を撮り、引き返すことにしました。

戻る途中で、もしあの女性から陸前高田市内の状況を尋ねられたらどのように答えたら良いか悩みましたが、その駐車場に女性の姿はありませんでした。悲しみに満ちた女性の顔はいまだに心に焼き付いています。

私たちは沿岸地域での映像伝送を終え、体制の立て直しのため本部に帰庁することになりました。

震災3日目、県内各所の停電は依然として復旧せず、警察の中継所に設置している蓄電池や発動発電機の燃料も厳しい状態にありました。その中で釜石エリアの無線通信をカバーしている無線中継所の蓄電池切れが迫っていました。震災時の警察無線は他の通信キャリアが通信できない中、唯一の通信手段として機能していたので、警察業務の生命線として何としても途絶えさせる訳にはいかない重要な施設です。

救済方法として直ちにヘリにより発動発電機を搬送、接続しなければなりませんでしたが、この任務への打診に気持ちを奮わせて志願しました。自分の知識や経験を生かすことができ、やりがいも感じたからです。

花巻空港には、今まで見たことがないような多くのヘリが駐機していて、その中の新潟県警のヘリ「こしかぜ」に乗り中継所に向かうことになりました。新潟の隊員は中越地震において活躍した方々で、自信に満ち、冷静な作業姿は大変頼もしく、自分たちも頑張らなくてはと感じさせられました。中継所へ向かう中、初めてのホイスト降下と任務への使命感から気分が高揚し、恐怖感を感じずにヘリから降下できました。

「こしかぜ」を見送った後、直ちに発動発電機と機材を無線中継所に搬入し、中継所の状況確認とともに発動発電機を接続する作業を行いました。作業も一通り済ませ、中継所周りの道路状況を確認しましたが、道路を約100メートルも進むと崖の土砂により道路が崩落していました。とても人力では復旧できない土砂の量で、車両による資材搬送は絶望的でした。

重機による道路補修の間、無線中継所救済のため人力による給油搬送がしばらく続くことになりました。この燃料を背負い、獣道を登っている姿は「命綱」として新聞にも取り上げられました。

夜も更け、釜石市内の様子を見るためライトを片手に市内を見渡せる場所に行ってみると、そこには暗闇の中、市内全域に移動する多数の赤色灯だけが浮かび上がっています。この真っ暗闇の中、人命救助のため必死に働いている警察、消防などの職員がいると思うと心が熱くなります。普段は漠然としていた業務も、通信手段の確保を通し警察業務の一端として県民、国民の安全に寄与しているのだと強く感じる瞬間でした。

緊急交通路の指定

千田　吉一（交通対策隊／交通規制課、警部）

全国でいち早く一般道路を緊急交通路として指定したのが岩手県だった。交通検問所で罵声を浴びせられる職員。規制の難しさを痛感した。

異常なまでの揺れを今なお忘れることができません。地震が発生した時、課員3人で江《え》刺田瀬《さしたせ》インターに向かっていました。その途中、同乗者の携帯電話から緊急地震速報の警報音がけたたましく鳴り、間もなくして大きな揺れが襲ってきました。

止めた車両のすぐ脇の路肩が崩れ始め、路肩に設置の大型標識が斜面の土砂と一緒に崩れていったのです。さらに、山の木がバリバリと音を立てて倒れるのを目の当たりにし、これはただ事ではないと直感しました。

地震発生後は近接の北上署に立ち寄り、県内の状況を把握しようとしましたが、混乱しており把握できる状態ではありませんでした。本部へ向かう途中の道路は停電で信号機が滅灯しているため、渋滞をきたしていて、本部到着までは4時間ぐらいを要しました。

本部到着後、すぐに取りかかったのは「緊急交通路の指定」についてでした。大規模災害等が発生した時に人命救助や避難誘導、消火活動人員や物資の輸送、応急復旧等の災害応急対策を実施するため、その用務に携わる車両を優先して通過させようと路線指定するものです。従って、一般の通行車両にも影響が及ぶものとなります。

その日の夜9時ころ、津波被害を受けた被災沿岸に至る主要路線12路線を緊急交通路として指定しました。指定するに当たり、配置員の確保、どこの場所で検問を張るのか、走行に支障はないのかなどの検討を加え、早期に指定を実施しました。しかし、指定しようとしていた路線に関しての十分な情報がなく、このまま指定することに不安がなかった訳ではありませんでした。

全国でいち早く一般道路を緊急交通路として指定したのが岩手県でした。指定とともに報道発表、警察庁への報告を実施したところ、警察庁から「え、もう指定したのか?」と疑問を投げかけられたのです。この時は、今指定しないでいつ指定すればよいのかと思いましたが、何度とない警察庁とのやり取りで、他県に及ぶ路線が緊急交通路として指定になっていれば他県との調整が必要になるということが理解でき、調整不足であったと反省させられました。

岩手県が指定した路線の影響を受けて、宮城県側においても緊急交通路の指定をすることとなりました。次の日から、警察庁の統制のもと東北道、常磐道、磐越道などの一部区

2 災害警備本部 緊急交通路の指定

間が緊急交通路として指定されました。

私の中では、後は道路等の被害状況や交通状況の把握をし、復旧に関することや交通規制に関して対策を講じていけばよいなと考えていたのです。しかし、緊急交通路の指定を解除するまで、いや、解除しても数日間は緊急交通路の通行に関する問い合わせや苦情・要望の電話が鳴りやまない状態が続きました。

電話の問い合わせ内容は、安否確認や緊急通行車両の確認標章に関することでした。緊急通行車両の問い合わせは物資輸送の内容が多く、ボランティアでの搬送や特定の人や会社などへの物資搬送などさまざまでした。それらを全て通行可能にしてしまえば、結果、何のための緊急交通路の指定なのか理由がなくなるため厳格に判断し、通行できない車両は説明を尽くして断ってきました。

この頃、ガソリン不足が表面化していて、「ガソリンスタンドでは緊急通行車両の確認標章を掲示している車両に優先して給油を行う」との風評が立ち、このことが緊急通行車両の申請手続き増加へと拍車をかけたのです。本来緊急通行車両として該当しないような車両もガソリン給油を目的に申請するようになってきていました。

そんな状況下でも、問い合わせがあれば納得を得られるように努力しましたが、中には食いついてくる者やいわゆる上からの圧力をかけてくる者もありました。非常事態なのだから何でもまかり通るのかと言えばそうではなく、非常事態の中だからこそ秩序を持った対応をとならなければならない、そんな思いで対応を続けました。

また、指定路線での検問配置員に対して「家族の安否を確認したいのにどうして通してくれないのか」「こんなに大きな被害があり大変な状態なのにどうして通してくれないのか」という苦情が多くあり、しまいには「私たちの気持ちが分からないのか、それでも人間か」と罵声を浴びせられることがあるということでした。

配置員には「緊急交通路の指定は災害復旧や被災者の救護車両を優先して通行させるもので、一般車両が被災地域に集中したら復旧作業の妨げになるおそれがあるので協力してください」と説得するように指示しましたが、後に安否確認で通行したいという人に対しては柔軟に対応していきました。

その後、他県との情報交換の中で「岩手県のように一般道路を緊急交通路に指定すればよかった」という声が聞かされました。その理由は、被災地に緊急物資を搬送する車両の運転手から、非常に道路が渋滞していて全く被災地に物資を届けられない。自分らは緊急通行車両として標章の交付を受けているのにこれでは全く一般車両と同じで意味がないとの苦情があるとのことでした。岩手県は一般道路においても緊急交通路指定しているため、被災地への物資等の輸送車両が渋滞で行けないということはないことから、その点は良かったのかなと思いました。

また、内陸から沿岸までは長距離のため当然給油が必要となるが、ガソリン不足のため給油ができなくて帰って来られないことや、道路上のがれきの残骸等を踏んでパンクする車も多くあったということを聞けば、一定期間緊急交通路の路線指定をして規制をかけたことはそれなりに意味があったと思っています。

今回のことを振り返り、甚大な被害を受け被災した人やその関係者のことを考えれば、通行に関する規制をかけることがいかに物的にも心的にも妨げになっているのか察しがつきます。その半面、第一次的な復旧作業や被災者の救難等のことを考えれば、ある一定の期間は混乱を避けるためにも規制は必要であると痛感しました。

交通検問所で罵声を浴びせられた職員の立場になれば柔軟に対応してもよいとは思われますが、その時点で何が大切なのか、何を優先すべきか、どのように対応するのがベストなのかなど、段階的な対応とタイミングが必要であると考えさせられました。

交通規制業務に従事する私たちは、この先も起こり得る災害を避けられない以上、これまでの災害の経験を生かし、既存の災害時の交通規制計画等を不断に見直し、災害に対する備えを万全なものに近付ける努力が必要であると思いました。決して、今回のような甚大な被害をもたらすことのないよう、継続した対策を切らさぬ努力をし、また後継者に伝えていきたいと思います。

ヘリからとらえた大津波の悲劇

村山　眞寿雄（航空情報隊／地域課警察航空隊、警部）

上空からいつも見守っていた三陸のあたりまえの姿を壊滅に追い込む津波。応援ヘリが全国から駆け付ける中で「岩手・宮城内陸地震」の教訓が生きた。

「自分は何ができたのだろうか、何もできなかったのではないか、もっと多くの命を救えたのではないか、警察官として、人間として、もっとできることはなかったのか」。今も自問自答する日々は変わらない。

純白の砂浜にダークグリーンの松原。まばゆく光る海岸線は、沖に向かってコバルトブルーから群青へと変わっていく。複雑な海岸線とどこまでも続く水平線、そこには人々の明るく豊かな暮らしがあり、それは永遠に変わらないものと誰もが信じていた。

そして、それが三陸のあたりまえの姿として上空からいつも見守っていた。あの日が来るまでは。

２０１１年3月11日、金曜日、午後2時46分。マグニチュード９・０の激しい揺れの中で、航空隊は全員でヘリを格納庫から搬出、沿岸へ向けて緊急出動した。これまで経験したことのない長時間の激しい揺れにただならぬものを感じながらも努めて淡々と飛行に臨んだ。沿岸へ向かう機内ではほとんど情報は入らず、持ち込んだワンセグテレビにより辛うじて震源が宮城県沖であること、津波警報が発令されたことなどを知った。

一刻も早く沿岸の映像を警察本部へ、県庁へ、そして首相官邸へ流す役目を果たすためヘリはフルパワーで飛行した。

そして、離陸から16分後には陸前高田市上空に到着、ヘリテレにより映像の撮影を開始した。その時眼下に広がっていたのは、地震による被害予想に反して、いつもどおりの穏やかな街並みと人々の姿、そして道路を走る車であり、安堵《あんど》したのを覚えている。

しかし、それも束の間、到着後わずか数分後には海全体が大きく盛り上がり、真っ青な大波がみるみる真っ黒な瓦礫《がれき》の塊に変わって押し寄せて来るのを認めた。

それが高田松原や大船渡市の湾口防波堤を越えてさらに市街地に迫るのを見て、ようやくただ事ではないと気が付き、夢中で無線で報告した。

この時「陸前高田市壊滅！」と叫んだが、肝心のヘリテレ映像は、地震による停電で中継局が機能停止していたため、地上に伝えることができず、その「壊滅」の意味が地上では理解することができなかったらしい。

眼下ではまるで映画のコンピューター・グラフィックを見ているような景観が広がり、無数の人、家、車など全てが流されて行くのをただ見ていることしかできなかった。

砂をかむような悔しさの中で、4人のクルーは涙をこらえ、それでも映像を撮り、ビデオに収め続けた。それがその時、自分たちができる唯一の仕事であり、また、それがいつか必ず役に立つ日が来ると信じた。

翌日からは自分たちのヘリを飛ばしながら、各都道府県警察からの応援ヘリ延べ103機の受け入れにも従事し、まさに不休の日々が続いた。ヘリの任務も、最初は被災地の映像撮影や被災者、傷病者の搬送であったが、時間の経過とともに燃料や各種救援物資の輸送へと変わっていった。

花巻空港では、震災翌日から1日最大122機の航空機が飛来して被災地との間を飛行した。基幹空港である仙台空港が津波で流されて使えず、他の東北各空港も飛来する多数の航空機のためパンク状態となっていたが、そんな中で花巻空港だけは整然と離発着、駐機が行われていた。

それは決して偶然そうなったのではなくて、全ての航空機関で情報を共有し、効果的に運用しようとするシステムが岩手県で整っていたからである。それは過去の失敗に学んだたまものであり、平成20年の「岩手・宮城内陸地震」での出来事に基づいている。

その時も地震発生後、多くの航空機が一斉に花巻空港に飛来したが、統制する「仕組み」がなかったため、たった1台の燃料車を奪い合い、結果として最も緊急度の高い救急患者輸送ができなかった。この苦い経験から、すぐに大規模災害に対応するシステムの必要性を各機関へ働きかけたが、地震対応が一段落した安堵《あんど》感で、ほとんど誰も耳を貸してはくれなかった。「内陸地震があったから、しばらくは安心」といった根拠のない安心感がそうさせていたのである。

その後に発生した「岩手北部地震」を契機として、ようやく県庁や県警でもその必要性が理解され、しばらくして「岩手県ヘリコプター等運用調整会議」が設置された。これには、警察、消防・防災、各自衛隊、海上保安庁そして国土交通省など全ての公的機関が参画し、大規模災害発生時の運用についての「仕組み」が作られ、平成23年1月に一応の完成をみた。

それからわずか2カ月後、東日本大震災が発生し、図らずもこのシステムにより極限状態での混乱が避けられた。こうしたシステムは、その後「岩手モデル」として全国会議でも紹介され各地へ波及。最初に声を上げた一人としては心から誇りに感じている。

それとは別に今、私自身の中で以前とは違うもう1つの感情が湧《わ》いてきている。

震災後、私は出張で東京や名古屋といった大都市圏に行くことがあった。雑踏を歩いていると、すれ違う人々が皆、被災した東北のことなど関係がないと思っているかのように見えて、最初はたまらなく腹立たしかった。あんな悲惨な出来事があったのに、「絆」「絆」と連呼したのは何だったのか。

しかし、しばらくすると全く逆の感情がわき上がってくるのも感じた。「この人たちは大災害がどんなものかを知らないのだ。だから、自分たちには直接関係がない、身の上には起こらない、と思っているのだ」と。このことに気がついたとき、その人々のことが逆にとてもいとおしく思えてきた。そして、首都直下型地震や東海・東南海地震、さらに十勝沖地震等が想定されている今、この人たちがそうした災害に遭遇しないまま過ぎてくれたら、それはそれで素晴らしいことなのだから。

あの時、瓦礫《がれき》で埋め尽くされた港湾や、どこが道路かさえ判然としなかった風景は、今は見違えるようになり、青い海も元のようになってきている。

しかしそこには以前のような家並みや人々の生活はなく、いまだ警察官を含む1200名以上が行方不明となったままである。

今も時々、夜中に目が覚めることがある。なぜかいつも懸命に瓦礫を掘り起こしている夢を見ている。泥にまみれた骨を見つけ、必死で誰かに伝えようとするが声にならず目が覚める。喉が異常に乾き、全身に汗をかいている。震災では、ヘリでの活動はしたが、直接瓦礫の撤去をしたり不明者を掘り起こしたことはなく、どうしてそんな夢を見るのか分からなかった。

心当たりといえば、大津波の後、岩手県沿岸を飛ぶと、そこにいつも懸命に捜索を続ける仲間たちの姿を見続けたことだろうか。それはひたすら「1人でも多く家族のもとへ」との願いから、身の凍り付く厳寒の時も、灼熱《しゃくねつ》の太陽の下でも、ずっと続けられている。

それを見ていながら、いつしか「自分はただ飛んでいるだけで何もできていないのではないか」と感じるようになり、そんな思いが夢を見させたのかもしれない。

そんな折、大震災から9カ月後に、自分たちがあの日撮影した映像が一般に公開された。

それは、アナログ映像のためやや不鮮明なものではあったが、大津波の怖ろしさを伝えるには十分なもので、反響も大きかった。

当初、被災者から苦情が寄せられるのではないかと懸念していたが、実際は予想に反して「よく公開してくれた」「自分の生家の最後の姿が見られた」「映像を見て気持ちに区切りがついた」という好意的な感想がほとんどであった。正直驚き、また安堵した。それまで自分の中にあった迷いの感情にも少しずつ変化があらわれてくるのを感じた。

人1人の力はたしかに微々たるものである。また、自分が何もできなかった過去に悔いを残すこともある。

ただ、それでも、大津波の到来を目の当たりにし、人間の無力さや、神の目線にも似た光景を見せつけられた者として、課せられた役目を忘れてはならないのだ。

そして、将来のあらゆる大規模災害にも対応できるよう、自らも関わった「岩手モデル」をさらにバージョンアップしていくことが私の使命であると感じた。

行方不明者相談ダイヤル

渡辺　利美（生活安全班／県民課、警部）

狭い部屋に設置された「行方不明者相談ダイヤル」に、全国から殺到する悲痛な声。情報がない中で、担当者は、相談者の望みを削ぐことのないよう、懸命に回答した。

過去に経験したことがない強い揺れを感じ、警察本部の1階から6階の総合指揮室に上がった。

自分が所属する大規模災害警備本部生活安全班の仕事は、避難誘導隊や被災地警戒隊の現地派遣、一定期間経過後に行方不明者や被災者の心のケアなどを行う相談所を現地に開設することであった。県民課で警察安全相談を担当していた自分は、いずれ現地に相談所を開設することを考えていた。

大津波警報が発令され、現場からは津波の襲来を伝える警察官の緊迫した無線が入っていた。しかし、防潮堤もあり、津波が押し寄せたとしても建物が水に浸る程度ではないかと思っていた。「○○地区壊滅」との無線の声を聞いて、「いくらなんでも壊滅という言い方はないだろう」と、指揮室内に失笑がもれるほどで、正直、自分もそう思った。

被害の実態と災害警備本部内にいた自分の想像とのギャップが大き過ぎたことは今思うと本当に申し訳ないと思うが、そこにいたほとんどの者は街が壊滅するほどの被害を想像できなかったに違いない。

その後、津波が繰り返し押し寄せ、「国道45号の橋が流された」「火災が押し寄せている」「駐在所が流された」「職員との連絡がとれない」といった無線の声が続き、「とんでもない被害が発生している」と感じた。

一夜を明かした早朝の災害警備本部で、被災地上空を飛んだ「航空いわて」からの中継映像を見て、息をのんだ。陸前高田市は水没してどこが市街地か分からなかった。広田半島の付け根は津波で分断されていた。この時、「本当にとんでもないことが起こった」と実感した。

3月12日早朝になって電話の通信制限が解除されはじめ、一般からの問い合わせの電話が間断なく鳴り出した。それは、被災地の親族や知人の安否を心配した人たちからのものだった。県民課では警察安全相談電話が鳴り続け、一般電話への対応で課員が電話に張り付けとなった。また、電話交換室も総合当直も夜通し鳴り続ける一般電話への対応に追われた。

3月13日朝、本部長命で行方不明者相談対応のフリーダイヤルの設置が決まり、自分が携わることとなった。同日午後7時までに1階の「談話室」という狭い部屋にフリーダイヤル5回線を設置し、「岩手県警察行方不明者相談ダイヤル」を開設した。体制は、電話対応担当が6名1班2交替の12名。データの入力等整理担当として3名の計15名（その後最大25名まで増員）の体制であった。

「実家に電話がつながらない」「現地がどうなっているのか知りたい」「津波はどこまできたのか」「○○署に勤務している息子と連絡がとれない」。家族や知人の安否を気遣う全国からの電話が殺到し、連日パンク状態だった。

電話会社で調べた着信件数のデータがある。最も電話が殺到した3月16日、着信21万3901件、うち接続したのが316件、実に677回かけて1回つながるという、まさに「焼け石に水」の状態であった。

せっかく電話がつながったのにすぐに切られることも度々あった。繰り返し電話をかけているうちにつながったことに気付かず、切ってしまうのだろう。また、電話を取ると「あ、つながった」という声をよく聞いた。極めてつながりにくい状況を物語っている。

情報がない中で、担当者は、相談者の望みを削ぐことのないよう、精いっぱい回答した。相談にできるだけ応えようと、死者名簿、行方不明者名簿、避難者名簿との照合を行い回答した。いずれの名簿にもないことを告げると、相談者には戸惑った様子がうかがえたが、「どこかで生きているのでは」と元気づけながら、相談の受理票を作成した。

しかし、死者名簿に名前を発見したときは、重い気持ちになった。言葉が途絶え、落胆する相談者の様子が電話越しに手にとるように分かる。その後、遺体安置所の場所を伝え、慰めの言葉もかけられないまま、静かに受話器を置くほかなかった。

多くの取り扱いの中でも特に印象に残っていることがある。電話応対の担当者から、次のような引き継ぎがあった。

陸前高田市出身の男子高校生が、大学受験のために行っていた仙台市内で震災に遭い帰って来られなくなった。たまたま避難先で一緒になった男性避難者がその少年のことを心配し、何とか陸前高田市に帰る方法はないものかと、相談ダイヤルに電話してきたものだった。避難先も市民優先で県外者は居場所がないという。

折り返し電話して男性避難者に陸前高田市の惨状を伝え、「少年が帰っても大変なのではないか」と伝えたところ、「少年が両親の無事をどうしても確認したいと言っている」という。両親の氏名などを聞いて、避難者名簿等を確認してみる旨伝えていったん電話を切った。しかし、すぐに父親の名前を死者名簿に発見した。

遺体の引受人が少年の母親ではないかと思い、捜査一課から無線で遺体安置所の書類を調べてもらったところ、引受人は叔父であることが判明した。母親の安否は不明だった。父親の死を秘して、叔父のところに帰るよう勧めたが、結局、少年は学校に戻ることを希望したため、学校長の衛星携帯電話番号を県教委から教えてもらい、連絡をとって引き継いだ。その後、母親も遺体で発見された。

あの少年が仙台で一人、家族を思っていたときの不安はどれだけだったのだろうか。両親の死をどのようにして知ったのだろうか。両親の死を知ったときの絶望感はいかばかりだったのだろうか。かわいそうでならない。同じような悲しみが無数にあることを思うと切なくなる。

自分は警察官として未曾有の大震災にあたり、何ができたのだろうか。津波や火災の現場にいる警察官からの無線を聞いて、孤立した警察署からの無線を聞いて、「自分がその場にいたら、どうしただろう」と何度も思った。家族の安否を心配する多くの人の電話を聞いて、「自分の家族だったら」と何度も思った。仙台の男子高校生のことが自分の息子のことのように思えた。

そのようにして、相手の立場に立ち、そのときの自分の業務を精いっぱいやることぐらいしかできなかったように思う。

行方不明者相談ダイヤルの業務や行方不明者の確定作業でも多くの対立や不満、葛藤があったが、被災者や被災地で奮闘する警察職員のことを思うと自分のそうした悩みは取るに足らないことだったと、今になって反省している。こうした反省に立ち、次への備えをすることが、われわれの責任である。

岩手県警察行方不明者相談ダイヤルは、震災から7カ月後の11月11日に終了し、その後の相談対応は、生活安全企画課に引き継がれた。安否未確認者の総登録件数は、2万7757人。平成24年6月30日現在の行方不明者登録件数は、1281人。この数字は、

行方不明者相談ダイヤルのデータ照合作業

相談対応、検索システム開発、データ入力、安否確認作業に携わった全ての職員の努力の結果であるが、その被害の大きさを改めて感じている。

行方不明者が１人でも多く発見され、家族のもとに帰ることを願うばかりである。

MAIYA

3

他県からの特別出向警察官

※カッコ内は出向先と任務、派遣元、階級

被災地で学んだ三つのこと

猿渡　悠司（大船渡警察署自動車警ら班／熊本県警から出向、巡査部長）

大船渡署で自動車警ら班として勤務をし、地震発生時の対応や被災者への配慮、住民から信頼される警察官とは何かを身をもって体験し、これからの活動に決意を新たにした。

私は、自動車警ら班として、パトカーに乗車し、事案発生時の初動措置や各種検挙活動、交通取り締まりなどの業務を行いました。私が、被災地で勤務し体験したことを話します。

第一は「津波の恐ろしさ」を学んだ点です。

震災により、大船渡署管内では、大船渡市はＪＲ大船渡線を中心とした市街地が、陸前高田市は市街地のほとんどが津波により壊滅的な被害を受けました。警らで被災地を回ると、被災して取り壊されていない建物が数多く残っています。建物の上の階まで被災しているのを見ると、津波が高くまで襲ってきたのが分かります。

また、被災地のほとんどの場所では瓦礫《がれき》が撤去され、更地になっていますが、瓦礫の仮置き場には処理が進まない瓦礫が山積みされ、重機やダンプの作業で砂ぼこりが舞っている状況です。

被災地では、今なお余震が続いています。

出向して間もない3月14日、勤務時に強い地震が起きました。まだ揺れている最中に、自分の携帯電話のバイブレーターが鳴り「緊急地震速報　岩手県沿岸に津波注意報が発表されました」とエリアメールが入りました。

署内に一気に緊張が走り、私は相勤者とパトカーに乗り込み、赤色灯をつけ、マイク広報しながら走り、海岸が見える高台で津波注意報が解除されるまでの間、沿岸部の警戒や情報収集に当たりました。

署内教養では、津波が来た時、避難誘導しながら、遠くではなく「高台に避難する」ことを学び、署員からは、津波が押し寄せるその最後まで住民の避難誘導にあたって殉職された警察官の話を聞きました。余震を体験して、管内の地形を把握し、地震発生時の対応を知っておく必要性を感じました。

第二は「被災者の感情に配慮した警察活動を行う」点です。

被災地では、長期化する狭い仮設住宅での生活、それに伴う家族間のけんか、傷害事件、近隣間のトラブル等の現場に行きました。

現場が仮設住宅であったり、現場で当事者から住所を聴取すれば、当事者が被災者だとすぐに分かります。

住民から、津波から逃げた状況、流された家や亡くなった家族の話を聞いた時は、返す言葉につまり、聞くことしかできませんでした。

交通取り締まりでは、ほとんどの違反者が違反を素直に認めますが、中には「被災者なのに金を取るのか」などと言って反発する違反者がいて、震災の復興事業で交通量が増加して交通事故が増加している状況や死亡事故が発生している状況を頭に入れ、事故防止、車や交通違反の危険性を説明して、理解を得るように努めました。

また少年補導した時、熊本では少年に「お父さんの名前は、お母さんの名前は」などと尋ねていましたが、被災地では父親や母親を亡くしている少年もいるので、「一緒に住んでいる家族の名前は」と気を付けて尋ねるようになりました。

第三は、「住民と接して体験した」点です。

まず、方言で言葉が分からず戸惑いました。特に、高齢者が話す言葉は、速くて聞き取れず、言葉の意味や会話の内容が分からないこともありました。

私は熊本弁で話すので勤務時、標準語で話すように気を付けていましたが、つい熊本弁が出るので、私の話が住民に伝わらず「どこから来たの」と聞かれることがよくありました。

私の話し方で他県の警察官と分かるので、現場で揚げ足をとられるようなこともありました。それは騒音苦情の110番通報で深夜、飲食店に現場臨場した際、閉店後の店の前にたむろしていた男性客らに対して帰るように促すと「よそ者は帰れ。岩手県警をよこせ」と罵声を浴びた現場です。私は大船渡署の一員として、仕事をしている気持ちでしたので、腹立たしい思いをしましたが、冷静に対応するようにして、男性客らを帰宅させました。方言に戸惑いましたが、逆にプラスに考え、熊本出身であることを前面に出しながら話して、相手の言葉、住所や地名が分からない時は、相手に書いてもらうなどして、意味が分かるまで聞くようになりました。

それから警ら中、子どもから敬礼されることが多々あり、小さな子どもだけでなく、中学生や高校生からも敬礼されることがありました。熊本では警ら中、こんなに敬礼されることはなかったので驚きました。これは、被災地での警察活動の影響か、地域の特色なのか分かりませんが、敬礼をされることは、警察が住民から信頼されている証だと思いましたし、住民の信頼に応えた活動を行う意識がより高まりました。

最後に、私は岩手県警署員や他県の出向者とともに勤務し、住民の温かさに触れて、警察官としての誇りと使命感、住民の心に寄り添った活動をする大切さを再認識できたことに感謝します。

地域でのふれあいで力もらう

吉田　篤史（釜石警察署地域安全班／警視庁から出向、巡査長）

苦労を予想して釜石署へ出向してきたが地域の人たちの温かさにふれ、仙人峠マラソンにも出場し、地域へ少しでも貢献できたことを実感。また、自分にとっても貴重な経験となった。

「以上警視庁」。

警視庁通信指令本部に所属していた私はその日、当番明けで帰宅したところだった。その時のことは揺れが大きかったことより、揺れの時間が長かったことを今でも覚えている。すぐにテレビをつけたところ東京は震度5強。有線はすぐに使用出来なくなった。付近には目立った被害は無かったので再びテレビを見ると、津波が全てをのみ込んでいた…。その日の警視庁の110番の入電件数は8千件を超えた。警視庁の被災地派遣は機動隊を中心としていたが、特別出向という形で話が来た。何が出来るか分からなかったが、何かをしたかった。

2月、釜石は雪が積もっていた。状況が知りたかったので、仮設住宅の宿舎を出て十数キロ歩いた。街中〝だった〟所は基礎部分を残して何もなかった。テレビでは見知っていたが、実際に現状と津波の到達地点を見てみると、すさまじい状況だったのがよくわかる。そして被災地での任務が開始された。

釜石警察署では地域安全班。仮設住宅の巡回連絡をメインとしていた。初めての土地、慣れない気候、被災地としての特殊な環境。これからさまざまな苦労が予想された。しかし、それは無駄な気苦労だった。寒さ厳しいところであるが、それ以上に心温かい環境だったのである。

まずは、岩手県警本部と釜石警察署の各署員。震災後、自らが被災者にも関わらず、管内を約1年近く支え続け、われわれ出向者を温かく迎え入れてくれた。各仮設住宅では、地域住民の皆さまが「お巡りさん、よく来てくれました。お茶っこしていって」と招き入れてくれた。被災地の力になりたくて来たのに、逆に力をもらったような気がした。

さて、着任して半月の2月の中頃。いつものように仮設住宅の巡回連絡をしていたところ、住民の方から「お巡りさん、早採りだから持って行って」と45リットルのビニール袋に入ったワカメを渡された。さて、どうしようかと、長野県警出向者の岡澤巡査長と思案したところ、私たちの仮設住宅に配ることにした。それでも、ざるで山盛り2杯分のワカメが手元に残り…そこからワカメとの日々が2カ月ほど続いた。沿岸は海産物がうまいというのが良く分かった。

またある日新聞を見ていたら、津波で流された地区唯一の雑貨店に代わる店がオープンしたとあった。仮設住宅ではないが、受け持ちの仮設住宅の直近だったので、顔を出してみようと、担当駐在所の後藤巡査長と訪ねた。店長の佐々木真理子さんは、「この店を地域の交流の場にしたいので、お巡りさんもお茶っこしていって」と迎え入れてくれた。近くの仮設住宅の談話室は、急勾配の坂を上った先だったので利用者はいなかった。実際にこの店が地域の交流の場になるのに時間はさほどかからなかった。場所の良し悪しというのもあるが、それよりも佐々木さんの明るい人柄の方が大きな要因だと感じた。私と後藤巡査長はこの「真理子商店」に警察官立寄所の札を掲げた。

私の受け持ちの仮設住宅に、病気から家を出られなくなった女性がいた。震災前までは店を構え接客していたが、震災後に病気を患い、弱ったところを他人に見せたくないと引きこもってしまった。巡回連絡に行くと、「歩けないから入ってほしい」と。家族は近くに住んでいるが、ヘルパーの方と同居しているそうだ。一回来ると1時間以上話をした。生来の話好きのようで、聞く時間の方が長かった。そして、帰るときは松葉杖を突いて見送ってくれた。数カ月後の夏、仮設住宅の自宅前にベンチが出来た。午前中はここで読書をするようにしているそうだ。別の日に訪ねたところ、室内で子供の笑い声が聞こえた。お孫さんが来ているようだ。日を改めることにしよう。

同時期、仮設住宅に来ているＮＰＯリアスの方から一つ頼み事を受けた。釜石市主催の仙人峠マラソンに出てほしいという内容だ。第3回になるこの大会は名前とかけて、参加者千人を目標にしていた。平たんな道はなくアップダウンしかない厳しいコースである。元釜石警察署長である山内警察学校長が初任科生を引き連れてきたこともあり、分かるだけでも40人以上の警察官が参加し、全体で千百人近くが参加する結果となった。

さて、私は10キロのロードレースに参加をしたが、前記の通り厳しいコースである。マラソンの経験はあるが、これだけ厳しいコースは初めてだった。それでも途中、初任科生に声を掛けたり、年配のランナーと雑談しながら走りなんとか完走出来た。大会も成功と言っていいだろう。

地域安全班の任務に明確な枠組みはない。あえて言うなら被災住民に何か貢献することだろう。この任務が終わっても、被災地支援は続くし、私自身がどれだけ貢献出来たのか分からない。しかし、自分にとって確かにプラスになったことはある。絆は力である。

寸劇で子どもたちに笑顔

久保田　浩史（大船渡警察署地域安全班／埼玉県警から出向、巡査部長）

古里・岩手の惨状を知り、出向を志願。戦隊ヒーローものの寸劇で防犯指導を行い、評判を得た。子どもたちの元気な顔が大人を励まし、警察活動の多様な在り方に気づいた。

私は、岩手県に特別出向する前は埼玉県の秩父警察署の地域課で勤務していました。震災のあった平成23年3月11日は、交通取り締まりをしている最中でした。突然、地面が大きく揺れ、取り締まり現場の近くの家屋の屋根の瓦がガラガラと音を立て崩れ落ち、何かにつかまっていなければその場に立っていられないような地震が発生しました。その後、埼玉県内のあちこちで停電による信号機の滅灯、道路障害、火災など地震の影響による事態に無線がとぎれることなく鳴り続けました。私がいた秩父警察署も停電による交通機関のまひなど地震による影響を受け、現場対応、被災状況の把握のため管内を飛び回り、落ち着いたのが翌日の午前3時ころでした。

3｜他県からの特別出向警察官｜寸劇で子どもたちに笑顔

現場から交番に戻り、その日に届けられた新聞を見た瞬間、顔から血の気が引きました。岩手、宮城、福島が地震による津波で甚大な被害にあっていることを知ったのです。岩手県久慈市出身の私にとって、特に岩手県の被災は他人ごとではありません。幸いにも震源地から離れていたため、家族や友人で被災した者はいませんでした。しかし、日がたつとともに岩手県の被災状況が明らかになり、私が育った地元で何か力になりたいという思いが強くなり、今回の特別出向に至ったのです。

震災から約1年近くたった、平成24年2月、岩手県警察大船渡警察署に配属となりました。赴任して大船渡市、陸前高田市の津波の被災箇所に行きました。初めて訪れたときは、報道で流れている映像よりも実際の被災地はひどい状況で、被災にあった建物と瓦礫《がれき》の山が残り、生活感はなく、津波による災害の怖さを感じたのを覚えています。

大船渡警察署では、被災地対策隊地域安全班として、住田町の世田米駐在所、旧三陸町のさんりく駐在所で勤務し、被災にあった人たちが住んでいる仮設住宅の巡回連絡や警ら活動を行いました。また、地域安全班で劇団「よまわり」を結成し、高齢者や児童に対する防犯指導を行い、私は連れ去り事案を題材とした「防犯戦隊ケセンジャー」という戦隊ものの寸劇を行っていました。

各ヒーローに管内気仙地区の市町名をとって大船渡レッド、陸前高田ブルー、住田グリーンと名付け、私は「さすまた」を武器とする住田グリーンを演じ、小学生、園児を対象に在任期間中、約30回の防犯教室を行いました。保育士や学校の先生からは、楽しみながら学べるとのことで評判も上々でした。その中で、一度だけ管内の気仙地区を出て防犯教室を行ったことがありました。私たち出向者の宿舎がある釜石市鵜住居町の鵜住居保育園です。きっかけは、平成24年9月30日にＩＢＣテレビの被災地特集番組でケセンジャーが取り上げられたことでした。

鵜住居地区も被災地であり、私が鵜住居に居住してから交流していた同地区の年配の方に、「孫を喜ばせたいから鵜住居保育園でケセンジャーをやってけねぇか」と言われたのです。

その申し出を受けて鵜住居保育園に赴き園長に防犯寸劇の実施をもちかけたところ、「この園自体が被災にあっており、園児たちも被災して傷ついている者がほとんどです。子供たちが元気になれば、親も頑張れます。それが街の活気につながります。ぜひ防犯教室をやってください」とお願いされたのです。

この園長の「子供たちが元気になれば親も頑張れる」という言葉に、ケセンジャーを依頼してきた人の気持ちが分かった気がしたのです。きっと、孫の喜ぶ姿をみて自身も元気をもらいたかったのだと思いました。

巡回連絡をしていると全国から集まった警察官が避難場所での生活中にパトロールしていたことや、津波で亡くなった家族を見つけてくれたことに感謝している人がたくさんいました。ですが、ケセンジャーという防犯教室も子どもたちを通じて復興活動の一つになるということに気付かされたのです。

大船渡警察署に勤務して、震災と津波を体験した地元の警察官や地域住民からいろいろなことを教えてもらいました。そして、震災時における警察のさまざまな活動が地域住民に安心や元気を与えるのかも学びました。

今後いつ、どこで東日本大震災のような悲惨な震災がおこるかわかりません。このような災害があった際に、ここで見て聞いて、経験したことを役立てられるよう頑張っていきたいと思います。

遺族感情と真剣に向き合う

金田　裕次郎（大船渡警察署機動捜査班／警視庁から出向、巡査部長）

遺体の身元を特定しながらも、死亡を認めたくないために遺族が引き取りを拒否。着衣の名前から仲よしのいとこと服を交換していたことを割り出し、最後には納得してもらった。災害では家族の突然の死を受け入れられない感情があることを知った。

平成23年3月11日に発生した東日本大震災に伴い、平成24年2月1日から、被災地特別出向として岩手県大船渡警察署で勤務することになった。

大船渡署では主に遺族対策および身元不明遺体の身元追跡業務に従事した。

身元追跡業務に従事していて、DNAの照合結果、歯牙鑑定、身体特徴、生前の着衣、付近住民への聞き込みなどにより、客観的に身元が特定される遺体がある。

しかしながら、当の遺族が自分の家族が亡くなったことを受け入れられず、遺体の引き取りを拒否するケースもある。

3｜他県からの特別出向警察官｜遺族感情と真剣に向き合う

私が担当した遺体は、宮城県気仙沼市で被災し、大船渡署管内で発見された70代女性の遺体だった。その遺体も、DNA、手術痕等の身体特徴、歯牙鑑定から、客観的にほぼ身元が特定された遺体だった。

また、その遺体は震災後まもなく発見された遺体だったため、損傷も少なく、生前の顔写真と見比べても判別可能な遺体だった。

しかし、遺族であり生前同居していた長男は「顔が違う。歯並びが違う気がする。着ている服に見覚えがない」と申し立て、一向に引き取りを拒み続けた。

私には、その長男が内心その遺体が自分の母親ではないかと思いつつも、母親の死を受け入れられず、無理やり引き取りを拒み続けているようにも見えた。

私は、長男のみならず、他の親戚にも確認してもらう必要があると考え、親戚一同を介して写真を確認してもらう機会を設け、そこに集まった親戚一同に、今一度身元浮上の経緯を詳しく説明し、写真を確認してもらった。

しかし、そこに集まった親戚一同も長男の意見に流されるように、「違うような気がする」と、写真を良く見る事もせず曖昧な返答をして引き取りを拒み続けるのであった。

私は、「浮上した身元はほぼ確実なのに、家族の元に帰れないのはかわいそうすぎる」と憤りを感じ、その場で遺体の記録を見直した。

すると「上衣のタグに『ミツ』と記載あり」との記録があった。

その遺体の、浮上した身元の下の名前は「エイコ」であった。

先に述べたように、DNA、手術痕等の身体特徴、歯牙鑑定、生前の写真との対照から、浮上した身元に間違いがないということは客観的に明らかであった。

なのに「ミツ」と記載がある着衣を着ているということは、親戚または姉妹の服を着ていた可能性があると考えた。

私は、その場に集まってくれた親戚一同の氏名一覧も見直した。

すると、集まってくれた親戚の中に、遺体のいとこにあたる「ミツコ」という女性が来ていることに気が付いた。

私は、いとこにあたるミツコさんに「ミツコさんは服に名前を書く習慣がありますか？また、エイコさんと服の交換をしたことはありませんか？」と尋ねた。

するとミツコさんは「何年か前に体調を崩して入院したことがあり、病院で他の患者と服が混同しないようにするため、そのときから自分の服に『ミツ』と名前を書く習慣があります。また、エイコさんとは家も近く仲が良かったので、よくお互いの家を行き来していたし、服を交換したりもしていました」と答えた。

私は、ミツコさんからの回答を受け、遺体が「ミツ」と記載がある服を身につけていたことを親戚一同に告げ、もう一度、遺体の写真を確認してもらった。

するとミツコさんは「この服には見覚えがあります。私が着ていた記憶もありますし、もしかしたらエイコさんにあげた服かもしれません」と答えた。

すると長男はうつむきながら、「やっぱり、母ちゃんなんだろうな。DNAや他のことも一致していて、親戚の服まで着ているなんて、こんなに条件が合うなんてあり得ないもんな。本当は最初に写真を見たときから母ちゃんだって思ってたんだ。でも、やっぱり母ちゃんが死んだことを認めたくなかった」と話し、遺体の引き取りを承諾した。

今回の特別出向を経験するまで、震災を直に経験していない私は、被災地の現状を目の当たりにすることはなかったし、遺族感情と真剣に向き合う機会もなかった。

震災で家族を亡くした者は、一日でも早い家族の発見を願っているはずであるということは心得ていたつもりであった。だがその一方で、混乱した状況の中で家族の行方が分からなくなり、突然その家族の死を告げられる現実を受け入れることが出来ないという遺族感情を、今回の取り扱いを通じて知った。

今後も岩手県で勤務するにあたり、この経験を生かし、真に遺族の立場に立った勤務を心掛けて行きたい。

震災時の話に一緒に涙流す

佐々木 淳広（釜石警察署地域安全班／広島県警から出向、巡査長）

釜石署管内で仮設住宅の巡回連絡に力を入れて活動。被災者の心境を知りたいと思いながらなかなか果たせずにいた。何度目かの訪問で震災時の話を一人の女性から一緒に涙を流しながら聞き、逆に感謝された。巡回連絡での信頼関係が重要ということを学んだ。

「広島から来てくれてありがとう。あなたに会えてよかった。また、来てね」と涙を流しながら言われた言葉を私は忘れられない。

私が釜石警察署に出向してからすでに11カ月がたった平成24年12月のことである。

私は現在、釜石警察署小佐野交番に勤務し、管内のパトロール、仮設住宅の巡回連絡を中心に活動し、そのほか管内幼稚園での防犯講習や、仮設住宅における交通事故防止の広報など幅広く活動をしている。

私は小佐野交番に配置され、特に力を入れたいと思ったことは「仮設住宅への巡回連絡」

である。

なぜなら、警察官である私が被災者の方々と直接ふれあうことで、被災者が抱えている悩みや不安等が解消できるのではないかと考えていたからだ。

いよいよ初めての巡回連絡の時が来た。

住民の方々からは「お巡りさん、遠くから来てくれてありがとう。大変ですね。困っていることはありませんよ」など、とても明るい表情で接してもらうことがしばしばあった。

遠くから来た警察官ということで特別な目線で見られていると感じることはあったが、私は「被災者の方の心境を知りたい」と考えることで寄り添った活動が出来ると信じていた。

しかし、巡回先ではお礼の言葉やねぎらいの言葉を頂く毎日が続き、仮設住宅を二巡、三巡する内に、自分が実施している巡回連絡に疑問を感じてしまうようになった。

そんなある日、一人の住民から、「ちょっとお茶っこさ飲んでけ（少しお茶でも飲んでいってください）」と言われ、仮設住宅内で話をすることになった。

最初は、住民の方から「広島はどんなところなの。家族は出向することを許してくれたの」などさまざまな会話をした。

そんなとき、私の方から「大震災のときはどこにいらっしゃったのですか」と何気なく話を切り出したときに、住民の方の表情が変わり、「ん〜、話したぐねぇなぁ」と言われ、その場では震災時の話をすることもなく帰ることになった。

私はその住民の方が津波で家族を亡くしていることを知っていたが、現在の心境を聞きたいという思いから震災時の話を聞こうとしたのであった。

その後、その住民の方から「お茶っこ飲んでけ」と誘いを受けたのである。すると、住民の方から「この間は震災の話ば出来なくてすまなかったなぁ。今日はそんときの話してやっから」と言われ、仮設住宅に招かれ話をすることになった。

住民の方は、震災当時について「あのときは家にいてさぁ、長い時間揺れてさぁ、海岸沿いの家だったから、海さ見たらば、海の水がすっかり引いちまっててさ、津波っていってもここまで来ないだろうと思ってたわけさ。じいさまも寝たきりだし、家の2階にいようと思ってたら、ドンと津波が押し寄せて、家の2階まで入ってきて、一度流されたけど流れてきた発泡スチロールにつかまって何とか逃げられたけども、じいさまがそのまま流されてさ。まぁ、警察の方がじいさまを見つけてくれたおかげで、遺骨は戻ってきたけどさ。それから本当につらかったし、避難所や仮設にいても何もやる気もなくてさ」と涙ながらに語ってもらった。

私もその話を聞いているうちに自然と涙が出てきた。

それから住民の方から、「縁故もないのに広島から来てくれてありがとうね。今日は話を聞いてくれてありがとう。何かすっきりしました」と笑顔で答え、私はさらに涙があふれてきた。

私はつらい話をしてくれたことや、心遣いに感謝し巡回を終え帰ろうとしたところ、その住民の方が私のことを追いかけ「佐々木さん本当にありがとうね」と泣きながら握手を求められ私を見送ってくれた。

巡回連絡とは、住民の各種諸願届の受理を通じ警察との関係を醸成していくものであるが、現在その意義を実感しているところである。

その後もその住民の方と話をする機会があり、以前に比べれば元気を取り戻したように感じ、以前巡回連絡したことを思い出した。

いまだに釜石市は津波による被害が残り、再建の道はまだまだ遠く、仮設住宅におけるコミュニティーの形成も難しいところである。しかし、私が仮設に住む住民一人一人の架け橋となりコミュニティーを形成していると信じるところである。

これから、冬本番を迎え、仮設住宅に住む方々には厳しい時期であるが、私が少しでも仮設住宅の方々の力添えとなるよう努力しているところだ。

それでは、交番所長、本日も巡回連絡に行ってきます。

偶然の再会に訳もなく泣いた

倉嶋　貴経（宮古警察署地域安全班／三重県警から出向、巡査長）

被災直後に宮古市田老で捜索活動をし、行方不明の父親と息子を捜す男性に出会った。出向でまた同じ田老で勤務し偶然にその男性と再会。予期せぬ再会に訳もなく涙が止まらなかった。

私は発災後間もない平成23年の3月末に、三重県警からの出動で被災地へと来たことがある。その時、捜索を担当した場所が岩手県宮古市、あの世界一と称された防潮堤のある田老地区だった。

ほこりの舞う残骸だらけの町中での捜索中、一人の初老の男性に出会った。「まだ、父親と息子が見つかってないんです」。男性はそう言って、原形をとどめていない自宅であった瓦礫《がれき》に向かってツルハシを振り下ろしていた。

重機に指示を出していた自衛官と調整し、翌日に撤去作業をする旨男性に伝え、その場を離れた。

一緒にいた小隊長が言った。「泣いとったな、あのひと…」。

家族は見つからず、そして自宅があった場所には瓦礫の山。そこに、涙を流しながらツルハシを振るう…。その気持ちがいかほどのものなのか、私には想像することしかできない。

その翌日、重機によりその瓦礫を移動、確認するも、その男性の家族は発見されなかった。

「ありがとうございました」

男性が、自身の乗ってきた車両を指さした。三重ナンバーだった。

「弟が、三重県に住んでて、その弟から車借りて家に来てみたら、三重県警の警察官がいて、こんなによくしてもらって…。本当に、ありがとうございました」

私たちに向かって、深々と頭を下げる男性。その顔には、やはり、涙がうかがえた。

今回の出向で、私は再度、田老の地を訪れることが出来た。一年前に見た光景とは変わって、残骸の、瓦礫の山だらけだった町が、何もない町になっていた。

田老駐在所での勤務が始まって間もないころ、在所中、「尋ねたいことがある」と来所者があった。

「漁港の海中に沈んでいる瓦礫をクレーンで引き上げると聞いたが、警察は立ち会うのか？」という内容であった。

警察で立ち会う予定はないが、もし何かが発見されれば通報してもらうことになっている旨を、その男性に伝えた。

「そうですか…」

あからさまに、残念そうな表情を浮かべる男性。どうかしましたかと尋ねると、「うちの父親や息子もそうだけど、あのへんの地域の人がまだ結構見つかってないから、あんまり乱暴にされると困るなぁって…」。

ああ、この人は家族を、地域の人を、行方不明になってる人たちを気遣っているのだ…。言われて初めて、自分にはその気遣いが無かったことに気付かされた。

何かあればこちらから連絡する旨を伝え、男性の氏名や連絡先を聴取する。

「○○です」

その名前に、聞き覚えがあった。そう言えば、「父親と息子が行方不明」という話も、自分は耳にしたことがあるのではないか…?

確認せずにはいられなかった。駐在所を出て建物から去ろうとする男性を追いかけ、後ろから声をかける。

「すみません。失礼ですが、弟さん、いらっしゃいませんか?」

けげんな顔で振り返る男性。

「はい。おりますが…」

「三重県にお住まいじゃないですか?」

「はい、そうです」

やはり、そうだ。

「突然すみません。私、三重県から出向で来ておりまして…」

あぁ…。得心したのか、男性の表情が和らぐ。

「あの時の警察の方ですか。どうも、お世話になりました」

「いえ、お力になれず申し訳ありません…」

かける言葉も見つからず、ありきたりなあいさつを交わすことしかできなかった。「何かあれば遠慮無く連絡してください」と伝え、男性を見送った後、駐在所へと戻った。

駐在所の中に入るも、こらえきれず、すぐに廊下に出た。なぜだか、泣けて仕方がなかった。

男性の家族が、まだ見つかっていないことにか。行方不明の家族を思いやる、その被災者の気持ちにか。それとも、1年以上たったというのに、状況が、何も変わっていないという現実にか。

分からないが、泣けて仕方がなかった。訳も分からないのに、泣けて泣けて仕方がなかった。自分でも訳が分からないまま勤務中だというのに、誰もいない廊下でひとしきり、泣いた。

自分が、何か出来るとは思わない。「助ける」「支援する」だなんて、おこがましい気もする。ただ、被災者に、少しでも寄り添いたいと思っている。

故郷・宮古の任務に志願して

八重樫　泰起（宮古警察署機動捜査班／神奈川県警から出向、警部補）

古里の宮古に出向して「治安を守る」と被災地での事件解決に奔走。また行方不明者の捜索や身元特定も業務として担当。これらを復興の過程の一つとして自分たちの経験を各県に持ち帰って、語り継ぐのも出向者の役目と考えている。

記憶から消そうとしても、決して消えない東日本大震災の惨状。

私の故郷・宮古市の被害は甚大で、少年時代に駆け回った港町の懐かしい風景は巨大津波に一瞬にしてのみ込まれ、今はその面影さえも存在しない。

私は、東日本大震災が発生したあの日から、神奈川県警察で振り込め詐欺の撲滅に力を入れながらも「被災地に貢献出来ることはないか」と常々思っていた。

そんな私には出向希望調査に迷う余地はなく、妻に「出向して被災地の力になりたい」と打ち明けた。

その結果、私は被災地対策隊の一員として宮古警察署刑事課で勤務することになった。

震災被害とは無関係な事案を含め、予想していた以上の事案取扱数ではあったが、「被災地の治安は自分たちが守る」との同じ志で全国から集まった刑事たちや宮古署刑事課の方々と協力して多くの事件を解決することができた。

その中でも、被災に関係した取り扱いは常に心が痛んだ。

夏の暑い日、私は行方不明者のDNA照合のため、行方不明者の親族の家を一軒一軒回り、検査同意書の作成を行っていた。

私が担当した初老の男性は、津波で妻が行方不明になっていた。地域の中心的存在だったこの男性は、付近の方々の避難誘導を優先したものの、避難先で妻の姿が見えないことに気が付いた。死にもの狂いで妻を捜したが、長年そばにいてくれた妻の笑顔を見ることは、あの日以来無くなった。

男性は私に対して、「妻の無事を最初に確認するべきだった。最後まで一緒にいたかった」とつぶやき、部屋に飾ってある奥さんの写真を眺めながら、自分自身を責めていた。

この方に限らず、行方不明者の方の話を聞くと、それぞれにそれぞれのドラマがある。そしてなかなか終止符を打つことの出来ないそのドラマには、必ず行き場の無い切ない思いが伴う。そして、その思いを生き残った自分自身に向けてしまっていた。もし、このドラマのピリオドが、仮に遺体の発見という形で終わったとしても、つらいドラマに区切りをつけることが出来たなら、残された家族はどれだけ気持ちが楽になるだろうか。

そう考えた時、行方不明者を探し出すのは私たちの仕事であり、辛い思いを抱えた被災者の方々が警察をどれだけ頼りにしているか痛いほどよくわかった。

「つらい思いをしている方々のために」、そう自分に言い聞かせて、涙をこらえながら同じ境遇の方を訪ね歩いたが、今振り返ると、これまで以上に自分の仕事に責任を感じた瞬間でもあった。

ある被災者の方は、復興について、「亡くなった人を忘れることは出来ない。亡くなった人を時々思い出して、それでも前を向いていけるようになったらそれが復興だ」と話していた。

復興と呼べる日が来るまでは、まだまだ長い時間が必要かもしれないが、その時を目指して、短い時間ではあったが、被災地の方々と共に復興という目標に向かって歩けたと信じている。

それから、今回の出向にあたり、背中を押して送り出してくれた神奈川県警察の方々や、私が不在の間、つらい思いをさせた家族には心から感謝したい。

年末、妻が5歳の息子にクリスマスプレゼントの希望を聞いたところ、息子は、「パパに帰ってきてほしい」と答えたという。

私は出向する時、「パパがいなくなったら、男はお前1人だ。ママとお姉ちゃんを頼む」と息子に伝えて家を出てきたのを思い出した。私は、息子が小さいながらにも、私が不在の間、泣き言も言わずに耐えていてくれたと思うと、このような小さな力添えもあったからこそ、被災地で復興に向けた活動が出来たのだと実感した。

最後に、私たち出向者には、任務期間が終了しても、もう一つ大事な役割があると思っている。

それは、おのおの帰県してから、自分が経験した復興の過程を各県に伝え継ぎ、今後、同様の災害が起きてしまった時に、少しでも犠牲者を出さないような対策を取るのもわれわれ出向者の大切な任務の一つだと思っている。

「困っている人がいたら助ける。それが日本人だろう」

ある方の言葉であるが、この言葉を借りれば、今回の出向では、日本人としての仕事ができたと思うし、任務完了時には、共に復興に立ち向かった仲間たちと共に、胸を張って神奈川県に帰りたい。

◆座談会

「東日本大震災を振り返る」

出席者

佐藤 善男氏
警備部長＝当時

山内 義啓氏
釜石警察署長＝当時

――皆さんは東日本大震災の際、県警の幹部として指揮を執られ、重要な局面で難しい判断を迫られた方々です。震災で岩手日報社も大船渡、陸前高田の2支局が流されるなど機能を失いました。遠野に取材拠点を設け、私は現地統

司会
谷藤典男
岩手日報社
編集局次長兼
読者センター長

藤原 行雄氏
交通機動隊長～交通規制課長＝当時

藤田 健一氏
機動隊長～警備課長＝当時

括として記者たちと寝食を共にしました。まずは皆さんに震災当時の役職と、発災後にどのような行動を取られたかお伺いします。

佐藤◆私は当時、災害警備を所管する警備部長でした。2時46分には警備部長室（7階）におり、「これは大変な事態になる。災害警備本部を立ち上げなければ」と下の6階に向かいました。普段は開いている本部庁舎の非常扉が閉まり、揺れの大きさを実感しました。6階の指揮室で災害警備本部を立ち上げ、無線を開局し、映像装置の準備など、本部体制の早期確立に努めました。とにかく情報の収集、救出や避難誘導の指示に専念しました。何としても被害を最小限に食い止めなければならないという思いでした。

山内◆釜石署の中で激しい揺れを感じました。あまりの揺れの強さにガラス割れなどが心配で外に出ました。液状化現象がその時点で既に始まり、署と隣の運転免許センターの基礎部分が上がったようになりました。2時50分に大津波警報が出て、近くの防災サイレンが鳴り始めました。本部からの無線で唐丹町の国道45号で道路が決壊、新仙人峠の橋が崩落したなどの情報が立て続けに入ってきて、それを傍受した署員たちがそれぞれの場所に向かいました。

署内や運転免許センターにいる一般の人に避難を指示し、津波に備えて署内の備品や装備、書類を4階に上げました。自分の物を運ぼうとしたところ、防潮堤を津波が越えたと聞き屋上に避難しました。署員、留置人合わせて29人が屋上から津波の襲来を見ました。釜石署は2階まですっかり水に漬かりました。周辺の家屋が浮かび、人が中にいたまま流されるのを目撃しました。その夜は寒く暗い庁舎で過ごしました。

藤田◆当時は機動隊長でしたが3月15日付で警察本部警備課長への異動内示を受けておりまして、その日は事務引き継ぎのため本部7階の警備課におりました。最初の揺れでは「3月9日の地震の余震かな」と思っていたのですが突然激しく揺れ始めたことから、隊員に出動準備を指示し、すぐに滝沢村にある機動隊に戻りました。隊に到着すると、隊員が手際よく車両や装備・資機材を準備しておりました。機動隊では大規模な災害出動等に備えて、当分の間の食糧も準備できますので、可能な限りトラックに積み込みました。そして道路の損壊箇所などがあっても迂回《うかい》しやすいよう、高速道を通らず一般道を緊急走行して釜石まで行きました。途中、小佐野《こさの》交番へ寄ったところ、「署に行くことは無理である。署長以下、署にいた職員は無事である」ということだったので、まず、われわれの最初の仕事として、見える範囲の被害状況を本部に報告しようと釜石市内方向に向かいました。しかしながら、緊急走行の車中で現場をイメージはしていたものの、駅前は浸水し、陸上に船が流されているなど市内中心部に行ける状況ではなく、想像を絶する事態を目の当たりにいたしました。

藤原◆発災時、私は部内会議に出席するために県警本部に向かっていました。本部近くの交差点で地震に遭い、路側の標識が激しく動いているのを見て「これは大変だ。会議どころではない」と思い、隊に帰ることにしました。その時点で停電のため信号がほとんどついていませんでした。通常は15分ぐらいで帰れるところを40分ぐらいかかりましたが、感心したのはドライバーがお互いに気をつけながら走っていることでした。戻ってからは出動態勢を整えることと情報収集にかかりました。私たちは情報収集を先行させることが主で、瓦礫《がれき》などで車が走れる状況ではないと予測してトライアルバイクの部隊を出しました。寒い季節なので運転する隊員には苦労をかけました。その後はさらに情報収集と応援部隊の先導にあたりました。

――携帯も電話も通じず、何が起こっているのか把握できない状況になりました。情報収集は無線が中心だったのですか。

佐藤◆警察無線と衛星電話を使いました。一番困難だったのは沿岸各署から無線が輻輳《ふくそう》して入ることで、情報の整理に苦労しました。通信の確保としては、当初の混乱はありましたがその後は対応できたと思います。内陸の被災状況も視野に入れながら情報収集し、トライアル部隊には「行けるところまで行ってくれ」と言いました。

藤原◆そのバイクも最後には、瓦礫の中の釘などでパンクして使えなくなったバイクもありました。

佐藤◆道路が寸断されて通行できない、現場まで行けないのが災害警備の中では一番の問題です。また信号機が作動していないことから、被災地で交通事故が多発しないかという懸念がありました。それらの交差点すべてに警察官の配置はできませんが、幸いにも大きな事故はありませんでした。

――山内さんは実際に向かってくる津波を目の当たりにしているわけですね。藤田さんも言っていましたが、災害時に小佐野交番に集結することは前から決まっていたのでしょうか。留置人への対応はどのようにしたのかお聞きします。

山内◆釜石署は津波が来れば必ず被災する場所にあり、以前から避難訓練はしていました。以前は4階に災害対策本部を設けて情報収集に当たるということになっていましたが孤立する恐れがあるため、震災の前年の9月に内陸にある小佐野交番に移そうと決めていました。そこに装備を集めて災害警備を実施するということです。留置人は3人いました。マニュアルでは隣の遠野署に集団押送をすることになっていましたが、遠野までは行けないと予測して留置人も一緒に屋上へ避難しました。津波が何度も来て「釜石署は終わりだ」と思い、本部に「津波が3階に達しようとしている。釜石署は現時点をもって壊滅した」と無線を送っています。錯綜《さくそう》する無線通信の中で何とか送ることができましたが、釜石の状況が一番分からなかったと思います。

――藤田さんが釜石に入ってからの状況はどうでしたか。

藤田◆機動隊は救出・救助隊として2個班に分かれて出動しました。1個班は釜石方向、もう1個班は岩泉方向です。私たち25人は釜石署管内において、各署から出動した警察官と一緒に活動しました。そして、現場では津波の恐ろしさを実感いたしました。建物は流され、瓦礫《がれき》で捜索活動は難航し、これまでの経験では想像できない場所でご遺体を発見するということもありました。私は阪神淡路大震災のときに県警の応援部隊の一員として出動しましたが、その時以上の衝撃を受けました。また、釜石に到着した広域緊急援助隊の最初の部隊は兵庫県警でありまして、阪神淡路大震災を経験した大隊長も「津波の被害は予想以上に悲惨です」と言っておられました。

発災後の10日間ほどは釜石駅近くで車中泊により活動しました。後で無事が確認されましたが、家が流され家族の安否が分からないという隊員も数名いる中で、隊員たちはぬれた出動服や警備靴を車の暖房で乾かしながら、ご遺体を収容したり、2階に取り残された重病人を救助したり、必死で任務を果たしました。

——藤原さんは初動対応で、どのようなことをされたのですか。

藤原◆情報収集です。上空からはヘリで映像を撮っています。しかし交通機動隊はヘリの画像を見られる状態ではなく、無線だけでは県内の状況は分かりません。「陸前高田は壊滅」と言われても、「壊滅とはどういうことなのだ?」となかなか理解できません。情報を集めるには二輪車しかないということでトライアル部隊の派遣になりました。津波に襲われた地域は走れる状況にはないので、高いところから見て状況を報告しています。また、震災当日に福島、宮城の両県に先駆けて緊急交通路を指定し、緊急通行車両の安全かつ円滑な進行の確保に努めております。震災直後から、被災地の三陸沿岸を走る鉄道は鉄橋の落橋や線路の流出、船舶は港湾・岸壁の沈下・損壊や湾内の瓦礫によりその機能が停止してしまいました。それにより物流が道路に集中することが懸念されました。さらに被災地の道路は大津波による瓦礫が堆積し、路面の隆起・亀裂、火災の発生などにより交通障害が発生しているところに、安否確認や援助物資を搬送する車両の集中が予想されました。そのため、福島、宮城県などの全国に先駆けて、発災から約6時間後の午後9時から緊急交通路を指定し、検問所で不要不急の一般車両の通行を禁止する交通規制を実施しました。緊急交通路には、内陸から沿岸に通じる比較的障害の少ない主要ルート12路線を指定しました。翌12日午前11時からは高速道路4路線を追加指定しております。その道路を通行するためには標章が必要で、これは県と公安委員会が交付しました。その後、復旧の進捗《しんちょく》状況に応じて交通規制を順次見直し、3月16日に一般道路、3月22日に高速道路の県内部分を解除し、発災から13日目の3月24日午前6時に全ての道路の指定を解除しています。

――その道路の規制に対しては苦情もあったかと思います。

藤原◆一応、検問所で状況を説明してご理解を求め、引き返していただきました。中には、なかなかご理解いただけない方もおりました。納得されなくて苦情になったものもあったと思います。しかし、交通総量の規制という面では十分に効果があったものと思っております。

山内◆現場で直面したのは行方が分からなくなった家族の安否確認という切実な問題です。みんな真剣だった。「行くな」とも言えないし、「行け」とも言えない。駄目だというのは簡単ですが、止めてもその人たちは別ルートで行くでしょうから、それならば「気をつけて行ってください」と言うしかありません。警察官の数は限られているのですから、どうしようもない状況なら目をつぶるしかない場合もあります。「通してくれ」と泣きながら頼まれた警察官はいっぱいいました。現場では人として、警察官としての生き様が試されたと思っていますが、

柔軟に対応させてもらいました。

佐藤◆行って二次災害があった場合、責任を負いかねる部分もあります。現場ではいろいろ話し合って、杓子定規《しゃくしじょうぎ》ではなく柔軟に対応してくれました。問題になったのは通行証を災害救助の目的以外に使うケースがあったことです。優先的にガソリンを入手するために使うということですね。

――警察の方々は過酷な状況の中で活動しました。幹部として部下を送り出すときに注意した点は何でしょうか。

佐藤◆食糧や衣類、衛生、健康面などさまざまな問題はありましたが、一番は交代要員をどうするか、そして車のやりくりでした。また、災害警備とは別に、事件・事故の発生などにもきちんと業務対応していかなければなりません。身内が被害に遭っている警察官もいましたし、できるだけきめ細かに目配りしながら現地に送り出しました。併せて全国から応援が来ましたので、被災地の日々の状況や住民の皆さまの要望などを踏まえながら、避難所の警戒やご遺体の捜索、一帯のパトロールなど、地域分担、任務分担や人員数などの調整を図りながら、被災地に寄り添った警察活動を継続徹底できるよう、また一致団結してできるように配慮してきました。

山内◆正直言って部下に注意する余裕はありませんでした。みんな自分の仕事で出て行ってしまったので、残った者については避難しかありません。津波で周りが海になりましたので、何ともなりませんでした。夜になって火災が発生して無線で「大槌町は1200人が孤立して火が迫っている」と聞いても何もできません。22時にヘリを要請してくれと言ってもなかなか伝わらず、自分たちの仲間がどうなったかの情報も入って来ません。余震が続く中、今度津波が来たらという不安で一睡もできず、翌日午前5

時に署から撤退して小佐野交番に向かいました。ご遺体がいっぱいあって、そんな中を小佐野交番に徒歩で向かったのですが、着いたときに「兵庫県警がいま遠野まで来ている」と聞き、そのときには助かったという思いがしました。

藤田◆現場に向かう隊員に対して特別な指示はしなかったように思います。被災地や被災者の状況を見ている隊員は、誰一人として不平や不満を漏らすことなく黙々と活動していました。また、釜石警察署員は庁舎が津波に遭い小佐野交番で勤務していましたが、交番が狭く、夜間の寒空の中、外に椅子を並べて防寒着を着たまま仮眠をとっていました。こうした厳しい状況に接した隊員たちは、自分たちの任務を完遂しようと無我夢中でした。

藤原◆私たちは各県から派遣された広域援助隊を高速道のインターで迎え、先導しました。そのときに一番気にしたのは西日本から来たノーマルタイヤの車です。沿岸に行くには必ず峠を通らなければなりません。安全に応援部隊を現地に入れることが第一。隊員には走行時の状態やタイヤの状態を把握させ、チェーンなど必要な装備を用意させせました。

――死者・行方不明者は約6千人にも上ります。今までにない犠牲者数で、過酷な状況下での検視は困難を極めたと思います。ジーンズのタグや人工関節から身元を割り出した例もあると聞きました。

佐藤◆ご遺体の数が多く、検案場所の確保がまず大変でした。検視には全国の警察から検視官の応援をいただきました。内陸からも多くの医師が行き、その後は歯科医師の皆さまにも協力してもらいました。棺やドライアイス、ご遺体の収納袋が足りず、他県にお願いして数を確保しました。身元の特定については現在も続けております。似顔絵や唾液によるＤＮＡ判定、血液を保管している医療機関などの協力を得ながら取り組んでいます。全国警察、医師の皆さまの協力がないとこれだけの検視はできませんでした。災害時の協定を結び、訓練も行っていましたので、やっていて良かったと思っています。発災直後は検視のための資機材も少なく、停電で水の確保も難しかったため、井戸水や沢水でご遺体をきれいにするなど現地では苦労をしました。最大時は1日600体を超えるご遺体が収容されました。

ご遺体の安置所には多くのご家族の方が身元確認に訪れております。従前の災害警備計画の予想を超えるものでしたので、順次要員を増員して対応しました。また、身元確認等のために、発災の翌々日には相談電話（フリーダイヤル）を設置し、ご家族からの情報の収集、さらには県警ホームページの活用による身元確認に努めたのです。いまだに身元の確認に至らないご遺体もあり、一刻も早くご家族の元にという思いを持っています。

山内◆検視にあたった警察官は本当につらかったと思っています。そんな中で、身元につながる物件を丁寧に扱っていただきました。

佐藤◆津波災害の身元確認の難しさは流されてしまうということです。ご遺体の発見場所から身元を特定していくのですから、見落としがないよう特にも慎重な作業が求められるものです。交番や駐在所の巡回簿も流されて「いったいここに何人がいたのか」という正確な数字が分からないのが大きな問題でした。

―― 被災地でのデマがまことしやかにささやかれ、窃盗などの犯罪もあったと聞きました。

佐藤◆外国人の窃盗団が宮城から犯罪を重ねながら北上してきていると、住民の間にうわさが流れました。実際にはそのような事案はありませんでしたが、被災された住民の不安は大きく、

24時間赤色灯を回転させながらパトカーで巡回することで治安の確保に努めました。

確かにATM機の破壊行為、盗難などの届け出はありましたが、被災された方々の防犯活動も展開され、総じて治安は確保されていたと思っています。また、これは想定を超えることでしたが大量の金庫の拾得があり、これの保管・返還は相当の日数と人員を要したのではありますが、住民の皆さまがきちんと通報してくれるということがあり、こうしたことからも被災に乗じて悪事をなすことは許さないという地域社会が維持されていたのではないかと思っています。

山内◆現金を拾っても後できちんと届ける住民の方は多かった。

―― 食料や燃料などの確保にも苦労したのではないですか。

藤田◆主に乾パンや寒かったので熱いカップラーメンを食べていましたが、3日後ぐらいから冷たく固いおにぎりが届きました。それを車のヒーターの吹き出し口で温めて食べました。先ほどもお話ししましたが、一日の捜索活動が終わると出動服なども乾かさなくてはならないし、車の暖房は必要でしたが燃料が不足して大変でした。遠野まで行って給油するなどして何とかしのいでいました。

佐藤◆警察でも食料やガソリンが不足しました。ガソリン不足ではガソリンを求める車が国道の車線に列を成し苦情も出ました。ただ、大きな騒動や暴動もなくこの大きな災害を乗り越えたのは岩手県人の県民性もあると思います。全国の警察官の指示に従いながら警察官に感謝してくれた、そういう県民性がありがたかったです。

―― 今回の震災で心に残ったことはなんでしょう。

佐藤◆県外の部隊が奥州市水沢区の体育館に泊まりました。そこの職員の方が毎日、ポットにお湯をいっぱい入れて、深夜に帰って来る県外部隊の警察官に宛てて「何もできませんが、ありがとうございます」とメモして置いていた。そういう話を聞くと県民として大変にうれしい思いをしました。県民の皆さんも大変だったかもしれませんが、県外部隊を心から気遣ってくれました。

山内◆この状況がいつまで続くのだろうかと思った時に、他県から応援部隊が入ってきて、「俺たちが何とかするから」と力添えをいただいたときに、本当に助かったと思いました。地域の人と抱き合って喜んだのが印象に残っています。その人たちの姿を見て自分たちも頑張らなければと思いました。応援部隊は私たちの疲れ切った様子を見て、「何とかこの人たちを救わなければ」と思ったようです。そこに全国の警察の絆を見ることができました。

藤田◆私たちは翌日に釜石市の被災した中心部に入りましたが、その一変した街を見て今後どう活動したらいいのか不安になりました。しかしながら、間もなく兵庫県警の広域緊急援助隊が到着し、その後全国からの応援部隊が交代で応援に駆け付けてくれまして、「助かった」という感謝の気持ちでいっぱいでした。私は沿岸での勤務が3回ありますが、地元の方から「今は防潮堤や防波堤がしっかり整備されており、昔のような津波の被害はないだろう」という話を多く聞きました。しかし、今回の津波は、過去の津波はここまで到達したという表示のところまで来ており、先人の言い伝えに信憑《しんぴょう》性を実感しましたし、警察の災害警備計画もこうしたことを踏まえたものにする必要があると感じました。

藤原◆震災直後は辺り一面が瓦礫だらけで、道路がどこにあるのか、また道路がどこにあったのか全く分からない状態で、復旧のめどがつきませんでした。しかし少しずつ瓦礫が撤去されると車両の通行が可能な道路から交通量が徐々に戻り始め、信号機の復旧が急がれたのです。そのため主要な9交差点には露出基礎タイプの信号機などを設置して仮復旧の措置を講じました。さらに瓦礫の撤去が進みますと、地域住民からも流出・倒壊して滅灯している信号機の復旧要望が多く出されるようになりました。

信号機は交通流量や交差点の見通し状況など道路環境を勘案して設置しているものですから、現在は瓦礫が交通の障害になっていたとしても、瓦礫が全て撤去され見通しが良くなったときに信号機の必要性が論議されることが懸念されましたが、被災した全信号機の復旧に取り組んだのです。ただ、要望理由の中に「真っ暗な地域の中に信号機の明かり一つがともっているだけでも安心感を持てる」という声もあり、交通安全施設は今回のような震災時では別の面でも効果があるということを知ることができました。

――今の復旧、復興の状況をどう思いますか。

佐藤◆住民の方々の合意も必要でしょうから、なかなか遅々として進まない点もあると思います。住民合意を早急に成し遂げて軌道に乗せ、さらに加速してほしいと思います。そうすれば展望も開けると思います。

山内◆仮設に住んでいる方の話を聞くとみんな大変だと言います。ドメスティック・バイオレンスなどが指摘されるのも、よほどストレスがたまっているからだと思います。復興のスピード感がもっと必要だと現地では言われます。スピード感がないのは、移転場所などの確保の問題もあると思っています。高齢者の割合が高いので、病気になる人が多く、早く目に見える形

で進んでほしいと感じます。

藤田◆阪神淡路大震災では西宮市で災害警備にあたりました。5年後に再び同じ場所に行く機会があり、見事に復興した街を見まして日本はすごい国だなと思いました。今回の大震災により沿岸では多大な被害を受けましたが、5年後には目に見える形で復興できればと祈っております。

藤原◆今回の震災では鉄路や船舶がだめになり、陸路つまり内陸部と沿岸部を結ぶ道路が物流の要となったほか、道路の重要性が再認識されました。岩手県では昨年を「復興元年」、今年は「復興加速年」と位置づけ、早期復旧を目指していますし、「命の道」といわれた自動車専用道路も「復興道路」として整備が急がれている状況にあり、被災地の早期復旧、復興を望んでいるところです。

――忘れてはいけないのが最期まで使命感を

失わなかった殉職者の方々です。11人の警官はどんな人たちでしたか。

佐藤◆みんな避難誘導、救助救出中に亡くなりました。みんな真面目な警察官でしたので、心の痛みはまだ消えていません。安全を確保しながら任務を全うすることについて、災害警備計画に基づく訓練の必要性を改めて思っています。

―― 山内さんはその後、警察学校長として「生きていればこそ他の人を助けられる」と学校生に繰り返し語っておられます。

山内◆警察官はいろいろな場面で使命感を持って取り組んでいます。「波に飛び込むな」と言っているのに「署長、助けてくれと言っている人がいるのに逃げるわけにはいかない」と水に入っていった警察官もいます。一人で30人以上を助けた者もいます。そういうことを考えれば、生きていればこそ他の命を助けられるわけです。自分の話はそういう体験が原点だったと思います。津波で銀行や郵便局の非常ベルが鳴り、事件かもしれないとそこへ向かって行き、被災してしまった仲間がいる。本人、ご家族の悔しさ、悲しさを思えば、警察官も逃げなきゃいけない場面もあると思っています。

―― 体験談とともに亡くなった方たちの生きざまを語り継いでいく必要がある。私は生き残った者の責務だと思います。当時を振り返って震災から学んだことや教訓は何でしょう。

佐藤◆当時、県内にあれほどの警察力を投入できたのは、殺人や死亡ひき逃げ事件など大きな事件がほかになかったからです。そういうものが起きると、そちらに人と力を投入しなければなりませんので大変にありがたかったです。被災地の方々には辛抱強く警察活動を支えてもらいました。平素の警察活動に真面目に取り組んできた実績が、今のような環境をつくったとも言えるでしょう。

山内◆警察官に対して感謝の気持ちで頭を下げてくれる被災地の皆さまの姿に、応援に来た警察官が本当に感激して帰っていきます。派遣元の所属長から、帰った後にすごく働くようになったと言われました。私たちの現実を見て頑張ってくれていると思いました。「現場に立て。現場に警察活動の原点がある」と警察庁もどんどん若い警察官をこちらに送り出してきました。大槌高校の先生が「生徒たちが人の役にたちたいと言って進路を決めるようになった」と言っていましたが、「人間力」「現場力」「組織力」「団結力」「ふるさと」「家族」「人と人の絆」「当たり前のことの幸せ」「働けること」「生きること」「生かされていることへの感謝」「リーダーとしての決断力」「復興の在り方」など挙げればきりがありませんが、多くのことを学ばせていただきました。

藤原◆大震災で信号機や車両感知器などの情報収集装置、並びに道路標識など交通安全施設が広範囲で多く被災したことにより、交通の安全と円滑化に大きな支障を来し、交通安全施設の必要性、重要性を再認識したところです。特に、流出・倒壊し滅灯した信号機の主要交差点では、特別派遣部隊の広域緊急援助隊交通部隊（活動は概ね1週間）などの応援を長期間継続して各都道府県から得て交通整理を行い、被災地における交通の安全と円滑化を確保することができました。特別派遣部隊の方々に感謝しています。大震災に伴い、岩手県でも多くの方が犠牲になりました。大震災で助かった貴い命を大切にして、1人でも多くの人が交通事故の犠牲にならないように今後とも交通死亡事故抑止に向けた活動に取り組んでいきたいと考えています。

藤田◆私はその年の4月、機動隊長から災害警備を担当する警備課長に異動となりました。警察の災害警備は、災害予防から始まって、発生した場合の避難誘導、救出・救助、行方不明者の捜索、検視、身元確認、犯罪の予防・取り締まり、交通対策、被災者支援など、その活動は多岐にわたります。特に今回のような大災害では、全国警察が一体となり、警察でなければできない総合的な対策が求められるということを実感いたしました。当時の担当課長として応援部隊には本当に感謝しております。

佐藤◆大きな犠牲はありましたが、岩手県がもう一回り大きくなって立ち上がってほしいという思いです。それから、災害に備えた訓練を平素から繰り返し行い、警察官はもとより地域社会全体で取り組み、防災力の維持・向上を図っていくこと、犠牲者を絶対に出してはならないという取り組みが極めて重要であると痛切に感じています。亡くなった方々の思いを無駄にしないようにしたいと思います。

平成 25 年 8 月 31 日　岩手県総務部総合防災室調べ

2　平成 23 年 4 月 8 日以降の東日本大震災津波関連、余震に関わる被害状況

	死者数（人）	行方不明者	うち、死亡届の受理件数（件）	負傷者数（人）	家屋倒壊数（棟）
大船渡市	0	0	0	2	0
久慈市	1	0	0	0	0
一関市	0	0	0	1	0
計	1	0	0	3	0

※大船渡市：平成 24 年 6 月 18 日、8 月 30 日の震度 4 の地震によるもの
※久慈市　：平成 24 年 12 月 7 日の津波注意報によるもの
※一関市　：平成 24 年 3 月 28 日の震度 5 弱の地震によるもの

	死者数（人）	行方不明者	うち、死亡届の受理件数（件）	負傷者数（人）	家屋倒壊数（棟）
計	5,086	1,145	1,128	212	25,023

東日本大震災の人的被害・建物被害状況一覧

1　平成23年3月11日（本震・津波）及び4月7日（余震）に関わる被害状況

	死者数（人）			行方不明者		負傷者数	家屋倒壊数
	直接死	関連死	計		うち、死亡届の受理件数（件）	（人）	（棟）
陸前高田市	1,556	41	1,597	216	210	不明	3,341
大船渡市	340	74	414	79	75	不明	3,934
釜石市	888	98	986	152	151	不明	3,655
大槌町	803	50	853	433	429	不明	3,717
山田町	604	67	671	149	147	不明	3,167
宮古市	420	45	465	94	94	33	4,098
岩泉町	7	3	10	0	0	0	200
田野畑村	14	3	17	15	15	8	270
普代村	0	0	0	1	1	4	0
野田村	38	1	39	0	0	19	479
久慈市	2	1	3	2	2	10	278
洋野町	0	0	0	0	0	0	26
沿岸小計	4,672	383	5,055	1,141	1,124	74	23,165
内陸小計	0	30	30	4	4	135	1,858
計	4,672	413	5,085	1,145	1,128	209	25,023

※死者数のうち、直接死は岩手県警調べ、関連死は復興局調べ

※家屋倒壊数は、全壊及び半壊数を計上

使命

証言・岩手県警察の3・11

2013年10月18日　初版発行
2013年12月20日　第4刷

監　修　岩手県警察本部

編　集　岩手日報社

発行者　三浦　宏

発行所　岩手日報社
〒020-8622　岩手県盛岡市内丸3-7
電話 019-653-4111㈹

印刷所　山口北州印刷
〒020-0184　岩手県盛岡市青山4-10-5

ISBN978-4-87201-412-9